Bruno GUADAGNINI
Présente

Monsieur BOUILLIN est mystère LEVEGH

Le Mans 1952, Pierre Levegh, soutenu par son chef mécanicien, vient d'abandonner. En arrière-plan, son épouse Denise est inconsolable.

INTRODUCTION

Pierre Levegh, un nom gravé du sceau de l'infamie. Le Mans 11 juin 1955, le plus grand accident marque à jamais la compétition automobile. Un seul nom est sur toutes les lèvres « Levegh » ! 3 ans plus tôt toujours au même endroit, le sort frappe déjà, moins dramatiquement certes, mais de manière tout aussi pathétique. Sans les 24 heures du Mans 1952, 1955 n'aurait sans doute jamais existé. Fatalitas, « M » le maudit, devient « L » le lynché !

Qui se cache derrière ce pseudonyme ? Pierre Bouillin, héros ou antihéros romanesque, l'opinion reste aujourd'hui encore partagée. Y' a-t-il du mister Hyde derrière ce docteur Jekyll ? Le doute subsiste encore, Bouillin homme de « pierre » ?

Difficile d'apporter des réponses à toutes ces questions, tant le personnage reste complexe et secret. Dédoublement de personnalité, ou pas, une certitude, le pilote, présente un comportement différent de l'homme de tous les jours.

Je m'efforce, dans ce livre, d'apporter quelques éléments de réponses à toutes ces questions. La plupart d'entre elles, malheureusement, sont emportées dans la tombe par l'intéressé, en ce sinistre samedi de juin 1955. Pour m'y atteler, je revisite, entre autres, trois des ouvrages écrits sur ce drame : « Mon Ami Mate » par Chris Nixon, « 11 juin 1955 » par Michel Bonté et « Le Mans 11 juin 1955 la tragédie » par Christopher Hilton.

© 2020, Guadagnini, Bruno
Edition : Books on Demand,
12/14 rond-Point des Champs-Elysées, 75008 Paris
Impression : BoD - Books on Demand, Norderstedt, Allemagne
ISBN : 9782322254439
Dépôt légal : novembre 2020

Chapitre 1

PIERRE BOUILLIN, L'HÉRITIER DE LA VITESSE

Le passé ou l'histoire de nos familles, guide souvent notre avenir, Pierre Bouillin ne peut enfreindre la règle. Bercé depuis sa plus tendre enfance, par les exploits de son oncle maternel Alfred Velghe, comment « le petit Pierre », aurait pu échapper au milieu automobile.

Le « tonton » Alfred est né à Courtrai le 16 juin 1870. Si nous partons du principe, que Torino Asti Torino disputé le 18 mai 1895, reste le point de départ de la compétition automobile en Europe, « l'oncle Alfred », n'est pas loin d'être l'un des premiers pilotes. En effet, Louis et Emile Mors, lui confient une de leur création, lors de la course St Germain en Laye Vernon du 20 octobre 1898. Le pari s'avère gagnant, Alfred Veghe sous le pseudonyme de « Levegh » s'impose sur les 126 Km du parcours.

L'anagramme de son nom lui porte bonheur, il décide de le garder pour le reste de sa carrière. L'année 1899, se présente bien. Le 30 juillet, Levegh termine 2e de Paris-Saint Malo, derrière « Anthony », plus connu sous son nom de coureur cycliste, Henry Robert Debray. Le 1er septembre il remporte Paris-Ostende toujours sur Mors. Le 17 septembre, Léonce Girardot sur Panhard Levassor est le seul à le devancer dans Paris-Boulogne, enfin le 1er novembre, c'est le triomphe dans Bordeaux-Biarritz.

Alfred « Levegh » est désormais reconnu comme un pilote redoutable. 1900, va être le couronnement de sa carrière. Le 30 mars, il remporte la course de côte internationale de la Turbie, puis celle de l'Estérel le 1er avril. Retour aux courses entre villes de provinces, avec une 5e place dans Nice-Marseille-Nice, puis le 3 et 4 juin pour un nouveau succès sur Bordeaux-Périgueux-Bordeaux. Le 14 juin, il prend le départ de la première édition de la Coupe Gordon Bennett disputée entre Paris-Lyon. Alors qu'il mène et qu'une nouvelle victoire se dessine, il est contraint à l'abandon sur ennuis mécaniques.

Disputé entre le 25 et le 28 juillet, Paris-Toulouse-Paris, représente le plus beau succès d'Alfred Levegh. La course rentre dans le cadre de l'Exposition Universelle de 1900, elle-même impliquée dans les Jeux Olympiques de Paris. La prime au vainqueur, représente la coquette somme de 8 000 francs. À la fin de l'année Levegh est désigné « Driver of the Year », devenant ainsi, « officieusement » numéro 1 mondial.

Considérant sans doute qu'il ne peut pas faire mieux, il met un terme à sa carrière lors de la 2e édition de la Coupe Gordon Bennett en 1901. Atteint d'une phtisie pulmonaire, une forme de tuberculose, il en décède à 34 ans le 28 février 1904 à Pau. Ses obsèques ont lieu 5 jours plus tard, en l'église de la Sainte Trinité de Paris. Il est ensuite inhumé dans le caveau familial, au cimetière du Père Lachaise.

Pierre né le 22 décembre 1905 à Paris, n'a donc jamais connu son oncle. Adolescent, sa passion de la vitesse se traduit d'abord par le patinage sur glace. Rapide et adroit, il est repéré par les dirigeants du club de hockey du CSH Paris, qui réussissent à le convaincre de prendre une licence au cours de l'année 1923. Bien que sa technique soit encore frustre, il se distingue par une vitesse de patinage et un changement de carre cross en main très prometteur. Du coup bien que junior, il est vite incorporé dans l'équipe fanion du club parisien. Le 17 novembre 1923, il fait le déplacement en Belgique, face à l'équipe d'Anvers.

Les parisiens s'inclinent 1 à 2, mais Pierre a tapé dans l'œil des sélectionneurs de l'équipe de France de Hockey. Il est retenu comme réserviste, dans l'équipe qui doit participer aux prochains Jeux Olympiques de Chamonix en 1924.

L'expérience en tricolore s'arrête là, néanmoins Pierre continue de faire le bonheur de son club. Le 25 janvier 1925, le CSH Paris, retrouve en finale du championnat de France, le redoutable Chamonix Hockey Club. Le club savoyard incontestablement numéro 1 français, avec une équipe plus expérimentée, donne la leçon 4 à zéro aux jeunes parisiens. Les deux joueurs qui ressortent du lot pour le CSHP, sont Hubert Grunwald et Pierre Bouillin.

Pierre, n'est pas à proprement parlé un séducteur. Sa tendance réservée et timide lui interdisent Toutefois son côté « petit jeune homme » *(il ne dépasse pas 1m65)*, sportif, bien élevé, aux traits réguliers et au regard ténébreux, ne manque de faire tourner les têtes, de la gente féminine. Il plaît aux jeunes et aux moins jeunes avec son look de « gendre idéal ». Celle qui a ses faveurs, s'appelle Marie Josèphe Claire Christiane Auber, réputée pour son humour, tout le monde l'appelle Christiane. Les deux tourtereaux, régularisent leur union dans le 5e arrondissement à Paris, le 31 décembre 1926. Pierre vient de fêter ses 21 ans moins de 10 jours plus tôt, Christiane est de 6 ans son aînée.

Leurs différences les ont rapprochés, elles vont être sans doute la cause de leur séparation. Pierre, pour oublier se replonge dans le sport. Finit le badinage et le patinage, il se tourne vers le tennis avec un certain succès, mais aussi vers le golf et la voile. Malheureux en amour, outre le sport son activité professionnelle occupe le reste de ses journées. Rigoureux et méticuleux, il gravit vite les échelons, chez le grand concessionnaire Ford parisien pour lequel il travaille. Toujours froid et distant au premier abord, il réserve ses sentiments, à un cercle restreint d'amis sûrs. De l'automobile de tous les jours, à la compétition, il n'y a qu'un pas, qu'il ne va pas tarder bientôt à franchir.

Pierre a désormais la trentaine, le « petit jeune homme » a mûri sa silhouette s'est un peu épaissie, un début de calvitie ronge son crâne. Il engage sa Bugatti T57t fraîchement acquise dans la Coupe de Printemps sur le circuit routier de Montlhéry, le 2 mai 1937.

Cette T57 est une merveilleuse mécanique de luxe avec 140cv, bien trop sage par rapport à la version sport qui en développe 180, ou encore au modèle à compresseur qui atteint les 200cv. Le plateau proposé, pour cette première course, est d'un niveau modeste. Néanmoins deux pilotes Eugène Chaboud, et Georges Raphael Béthenod de Montbressieux, alias « Raph » sortent du lot. Les deux jeunes gens aux volants de Delahaye 135CS, commencent à se faire un nom dans le milieu. Handicapé par le manque de puissance de sa Bugatti, Pierre fait ce qu'il peut, pour finir à une honnête 5e place. L'expérience de Joseph Paul, fait la différence pour la victoire, face à la jeunesse de Chaboud 2e et de « Raph » 3e.

Après cette première expérience Pierre Bouillin, décide de la prolonger le 6 juin dans les 3 heures de Marseille, disputées sur le circuit de Miramas. La concurrence est autrement plus relevée, avec 27 voitures engagées. Parmi les concurrents, les deux meilleurs français du moment Jean Pierre Wimille sur Bugatti T59 et Raymond Sommer sur Talbot 150C. L'épreuve, se déroule sous la formule de 3 manches d'une heure chacune, dans laquelle il s'agit de faire le plus grand nombre de tours possibles.

Dans la première manche, Wimille et Sommer sont aux deux premières places en ayant bouclé 27 tours. Pierre, toujours en manque « de chevaux » termine 12e avec 23 tours. Sommer profite d'un début de problème moteur de Wimille, pour s'imposer dans la seconde manche avec 32 tours. Pierre, plus à l'aise, finit 9e avec 30 tours. Dans la dernière manche, le moteur de Wimille lâche, laissant Sommer seul pour la victoire. Derrière Gianfranco Comotti et Albert Divo, tous deux sur Talbot complètent le podium. Pierre Bouillin termine 8e au classement final des 3 manches.

Notre parisien, s'engage encore une fois à Montlhéry, dans la Coupe d'Automne le 19 septembre. L'épreuve tourne court, une casse moteur aux essais, le contraint à déclarer forfait pour la course.

Loin de se décourager, Pierre tire la conclusion de sa première saison de course. Sa magnifique Bugatti, est inadaptée à la compétition. Il lui faut une voiture à la fois performante et polyvalente. Son choix se tourne vers une Talbot Lago 150C.

Anthony Lago, a repris en 1934, la vieille marque Talbot-Darracq, à bout de souffle. Lago, vénitien d'origine, a fait ses premières armes chez Wilson en Angleterre. Il décide de refondre profondément les modèles pour le salon 34, avec 4 bases retravaillées, surbaissées, équipées de nouveaux moteurs et de boîtes pré-sélectives Wilson. La compétition n'est pas oubliée, la firme de Suresnes présente au salon 1936, une version course de sa T 150, la « C » équipée d'un moteur double arbre à cames de 3 litres.

Pierre Bouillin, est particulièrement convaincu par ce modèle vu au cours de l'année 1937, répondant aux nouvelles normes de type « découvert sans capote ». La machine, dépasse à peine les 1000 kg, pour une vitesse maximum de 215 km/h. De plus Pierre, va pouvoir bénéficier de la nouvelle version, équipée d'un moteur 4 litres de 175cv.

Le parisien, réalise un premier rêve, participer aux mythiques 24 heures du Mans. La course en est à sa quinzième édition, après l'annulation de l'édition de 1936, à cause des grandes grèves du printemps. Histoire de bien marquer les esprits, Pierre s'engage sous le nom de « Levegh » en hommage à son oncle, un patronyme, pas toujours simple à porter. Pour la course du 18 et 19 juin 1938, Pierre a la chance de partager le volant avec Jean Trévoux, un normand de son âge, mais beaucoup plus expérimenté. Considéré comme un spécialiste du rallye, Jean participe pour la 6e fois à la course mancelle.

L'usine Talbot n'est officiellement pas présente, néanmoins, elle soutient la participation de six T 150 dont deux coupés, sur les 42 machines engagées. Delahaye avec 7 voitures et Alfa Roméo, en l'absence de Bugatti font t'office de favoris.

Comme prévu, « le sanglier des Ardennes », Raymond Sommer trace la route dès le départ, sur son Alfa 2,9 litres à compresseur à double étages. Derrière Chiron sur Delahaye et Etancelin sur Talbot, sont les plus entreprenants. Philippe Etancelin, ne s'en laisse pas compter et échange régulièrement la première place avec Sommer, lors de la première heure. À 17 heures, on signale déjà 3 abandons, dont la Delahaye de Comotti-Divo sur rupture de boîte. Une heure plus tard c'est l'autre Delhaye de

Chiron Dreyfus qui manque à l'appel. Au premier ravitaillement, Jean Trévoux passe le relais à Levegh en 4e position.

Le coupé Alfa de Sommer-Biondetti, se montre toujours aussi rapide, battus en vitesse pure, les Delahaye jouent sur leur fiabilité. Fiabilité toute relative à 19 heures, une 3e Delahaye abandonne, celle de Mougin-Mazaud. Les choses se présentent mal pour les françaises. Jean Trémoulet qui partage le volant de la Delahaye N°15 avec Eugène Chaboud marque une pose à Arnage. À la nuit tombée, la meilleure Talbot d'Etancelin-Chinetti, alors 2e, renonce avec un problème de soupapes.

A minuit Sommer-Biondetti, caracole avec 6 tours d'avance. Pour la 2e place la lutte s'engage avec Chaboud-Trémoulet, Trévoux-Levegh et la Delage de Gérard-de Valence. Cette dernière renonce peu après. Les abandons se succèdent pendant la nuit. Les Talbot de Rosier-Huguet puis celle de Carrière-Le Bègue, ainsi que la Delahaye de Monneret-Loyer. À l'aube, alors que l'on se réjouit de la seconde place des outsiders Trévoux-Levegh, un début d'incendie probablement dû à un court-circuit, cloue la Talbot à son stand. Dans le même temps celle de Mathieson- Lord de Clifford, abandonne également.

À deux heures de l'arrivée, l'Alfa Roméo de Sommer-Biondetti possède 14 tours d'avance, sur deux des trois Delahaye encore en course, de moins en moins valides. Peu après l'inconcevable se produit. L'Alfa N°19 s'arrête à Arnage, Raymond Sommer, ne peut que constater un bris de moteur. C'est la voie royale pour Chaboud-Tréboulet, qui quelques heures plus tôt parlait d'abandonner, victime d'une boîte récalcitrante. Avec 3180 km 940 à 132,539 km/h, le record de l'épreuve n'est pas battu. Serraud-Giraud Cabentous, sur une autre Delahaye sont 2e à 2 tours et Prénant-Morel, sur le coupé Talbot encore en course 3e à 16 tours.

Pierre Levegh, est partagé entre la déception d'une victoire accessible et la satisfaction de faire désormais partie, du petit cercle des pilotes représentatifs. Par reconnaissance, ses collègues drivers, ne tardent pas à lui attribuer le sobriquet de « l'évêque », à l'image de son caractère « gai et enjoué ».

Pour Pierre et Jean Trévoux, une deuxième occasion se présente les 9 et 10 juillet pour les 24 Heures de Spa Francorchamps. L'Automobile Club de Belgique a crée cette épreuve, un an après l'originale sarthoise. Dans les années 30, sans en avoir la même dimension, cette compétition, permet de donner un prolongement, à l'épreuve mancelle. Pour cette édition 1938, nous retrouvons les principaux protagonistes du mois précédent, avec 25 voitures au départ. Les malchanceux restent aussi les mêmes. Sommer-Biondetti encore au commandement sont éliminés sur rupture de transmission et Levegh-Trévoux sont victimes d'un accident. Alfa Roméo se console de son échec manceau en remportant la victoire avec Pitacuda-Severi devant Gérard-Monneret sur Delage à 1 tour.

Engagé avec sa Talbot au 12 heures de Paris le 11 septembre 1938 à Montlhéry, Pierre finalement renonce à courir. Notre parisien, sort la tête des voitures, pour se trouver soudain une accroche provinciale du côté de l'Oise. La nouvelle élue se prénomme Denise.

Denise, Marthe, Valentine, Maurey est née à Trie Château le 3 novembre 1908. Elle est la fille de Robert Maurey, lui-même l'héritier de la Manufacture Maurey-Deschamps, une entreprise familiale spécialisée dans la brosserie fine, peignes et garnitures de toilette. Située à Trie Château, cette commune du Vexin Français, nichée en lisière de la Normandie compte 783 âmes. La Société Maurey-Deschamps, emploie régulièrement entre 80 et 100 personnes pour une chiffre d'affaire de 243 000 francs, sous les marques « Aux Phénix », « A l'Hirondelle », « Au Griffon » et « A l'industrie ».

Depuis le milieu du 19e siècle, brosserie et tabletterie sont les deux mamelles de l'industrie dans l'Oise. La vallée du Thérain (région du Beauvaisis) et la Vallée d'Automne, aux confins de la l'Aisne, sont les deux foyers de population de cette industrie. Jusqu'à 7000 employés se consacrent à cette activité pendant les années 1911/1912, avant que la concurrence japonaise et le premier conflit mondiale, ne fassent tomber le nombre à moins de 4000, dans les années 30.

Dans l'enclave de Trie Château, Maurey-Deschamps, s'est forgée une réputation haut de gamme, avec l'utilisation de poils en soie de porc, rehaussée de support en nacre. Denise Maurey allie discrétion, efficacité, et disponibilité, dans son rapport avec les gens. Comme Pierre, elle sort d'un premier mariage douloureux en 1930, avec Henri Eugène Schneider. Les grandes souffrances sentimentales, rapprochent souvent deux êtres.

Pendant que les bruits de bottes, raisonnent déjà à la conférence de Munich de septembre, la course continue en 1939. Pierre entame sa saison le 31 mai au G.P d'Anvers. 15 voitures sont au départ, d'une épreuve disputée en 3 manches de 17 tours, avec un classement scratch sur le total des manches. Il est au volant de son habituelle T 150C, Raoult Forestier roule avec un modèle identique. La concurrence réside, en deux Alfa Roméo pour Farina et Sommer, trois Delhaye et deux Delage pour le « motard » Georges Monneret et Louis Gérard.

La première manche est extrêmement serrée. « Nino » Farina, l'emporte devant son équipier Raymond Sommer, la Delahaye de Robert Mazaud et la Delage de Monneret. Pas plus de 5'' séparent les quatre voitures. Levegh termine 6e dans les roues de Gérard à 55'' du vainqueur.

La deuxième manche se veut conforme à la première, sauf que Mazeaud est éliminé sur problème mécanique et Louis Gérard sur accident. En conséquence Pierre finit 4e à 2'04'' du duo Farina Sommer toujours roues dans roues. La dernière manche revient à Raymond Sommer devant « el dotore » Farina, c'est toutefois insuffisant pour souffler la victoire à l'italien. « Jojo la moto » est logiquement 3e devant « l'évêque ». Pour Pierre cette 4e place représente une grande satisfaction, d'abord parce qu'il est resté à distance raisonnable des leaders, ensuite parce qu'il devance Forestier sur Talbot et surtout Eugène Chaboud, vainqueur sortant au Mans.

Pour rester sur le Mans, le G.P du Luxembourg, placé le 4 juin, deux semaines avant le grand rendez-vous sarthois, représente une préparation idéale. Il s'agit de la première édition de cette course, pour commémorer le centenaire du traité de Londres en 1839, donnant l'indépendance au Grand-Duché vis-à-vis de la Belgique. Tout un symbole au moment où l'Allemagne, vient de faire main basse sur la Tchécoslovaquie.

Faute de présenter un plateau en quantité, avec 10 machines, les organisateurs ont donné dans la qualité. Jean Pierre Wimille, fidèle à Bugatti, fait sa rentrée. Il devra batailler ferme, avec trois Alfa Roméo 8C d'usine à compresseur, attribuées à Biondetti, Farina et Villoresi. Levegh, fait figure de parent pauvre avec sa Talbot. Surprise aux entraînements, le français profite de l'impréparation, ou des problèmes mécaniques des uns et des autres, pour s'octroyer le meilleur temps.

50 tours de 4,556 km sont à couvrir. Comme prévu, Wimille est le plus tranchant, néanmoins Giuseppe Farina lui offre une résistance acharnée, jusqu'au 24e tour où son moteur rend l'âme. Au 45e tour, Raoul Forestier (Talbot) est accidenté. Jean Pierre Wimille, laisse son second Clemente Biondetti à 1 tour. Pierre Levegh très bon 3e, résiste jusqu'à ' à la fin à l'Alfa Roméo d'Emilio Villoresi classée 4e et la Delahaye 135CS de Robert Mazaud 5e.

Le retour de Jean Pierre Wimille est l'une des principales attractions de cette 16e édition des 24 heures du Mans. Le parisien sur son « tank » Bugatti, vainqueur de l'édition de 1937, peut compter sur Pierre Veyron comme équipier. Son duel éternel, avec son ami Raymond Sommer en équipe cette année, avec Prince Bira sur Alfa Roméo, fait saliver tous les amateurs. Histoire d'animer un peu plus la course, l'A.C.O , attribue une prime de 1000 francs, au leader du classement à la fin de chaque heure.

Derrière les favoris, les outsiders ne manquent pas. Les Delahaye vainqueurs sortantes, sont en nombre avec 8 machines au départ, il ne faut pas oublier aussi les deux Delage. Chez Talbot, l'usine se fait représenter, par l'intermédiaire de Luigi Chinetti avec 3 voitures dont une Lago SS pour Lebègue-Levegh. 3 autres Talbot indépendantes sont aussi prévues. Deux Lagonda, menacent les françaises, en complément de l'Alfa Roméo 2500 SS de Sommer.

Pour Pierre Levegh, faire partie du « team Chinetti » est un excellent choix. Le futur fondateur du North Américan Racing Team, possède déjà une sérieuse expérience de l'organisation d'une écurie. Son association avec René Lebègue, rallye man de base, mais aussi à l'aise en endurance, semble prometteuse.

La plupart des voitures, viennent par la route, avec les inconvénients que cela représente. Ainsi, pour le pesage du jeudi, la Bugatti qui vient d'Alsace et l'Alfa de Milan avec Sommer au volant, arrivent 15 minutes avant la clôture. Bugatti, n'est pas au bout de ses peines. Wimille casse son moteur aux essais à Maison Blanche. Robert Aumaitre, le chef mécanicien fait des miracles. Des pistons neufs, sont expédiés de Molsheim pour la gare de l'Est et ensuite récupérés pour venir par la route jusqu'au circuit. Le « grand Robert » travaille ensuite avec toute son équipe, pour que la Bugatti soit réparée le samedi matin.

 Le temps est couvert et lourd à 16 heures. Au moment des hymnes, le « Deutch land Uber Ales » est copieusement sifflé, traduisant bien l'hostilité grandissante, avec nos voisins d'outre-Rhin.

Au baisser du drapeau la Lagonda N°5 de Dobson est la plus prompte. Luigi Chinetti Talbot N°2 part juste derrière et prend le commandement dans les Hunaudières. Seule, la Delahaye N°11 de Bel Croix reste plantée. À la fin du premier tour, Chinetti est toujours devant Dobson. Mazeaud sur la Delahaye N°15 vire en 3e position devant Wimille Bugatti N°1 et Lebègue Talbot N°5, 5e. La Delahaye N°11 démarre enfin avec un tour de retard.

Dès le 3e passage, la situation bouge. La Delage N°21 de Gérard, partie en 6e position ouvre la route, Wimille devient 2e. L'écart grandit à 22'' au 7e tour, pendant que la Talbot de Chinetti montre des signes d'essoufflement. Gérard décroche, la première prime de 1000 francs à 17 heures devant la Delahaye de Mazaud N°15 à 50'', la N°16 de Paul à 53'', Wimille victime d'un début de grippe n'est plus que 4e à 1'10''.

 18h30, l'heure des premiers ravitaillements, l'Alfa de Sommer-Bira, perd toute chance. Un changement de bougies suivi du remplacement du joint de culasse, les condamnent pour la victoire. Prince Bira repart une heure après. Après 3 heures de course, la Delage de Gérard-Monneret mène devant la Delahaye de Mazeaud-Mougin et 3 Talbot, la N°7 de Morel-Bradley, la 2 de Chinetti-Mathieson et la 9 de Lebègue-Levegh 6e.

À 20h00, Mazeaud-Mougin, précède de peu Gérard-Monneret. Un peu plus de 539 km ont été parcourus à 148 km/h de moyenne. Suivent en 3e et 4e positions, les Talbot de Chinetti-Mathieson et de Lebègue-Levegh. À la tombée de la nuit vers 21h30, les positions sont stables, la Talbot de Trémoulet-Forestier s'arrête au stand, carter d'huile crevé. 5 minutes plus tard la Delahaye de Bel Croix-Serraud se retourne.

La nuit, devient cauchemardesque pour les Delahaye et les Talbot. À minuit 45, la N°16 de Paul-Trévoux renonce sur panne mécanique. Même chose à 1h18 pour la Talbot N°8 de Massa-Mahé. Heldé-Nime, Talbot N°4, passent plus de temps au stand que sur la piste et jettent l'éponge à 1h22. Un bris de soupape, clouedéfinitivement Chaboud-Giraud Cabantous à 1h50. Après 10h de course, 28 voitures restent en piste.

 2h40, la Delahaye de Tête N°15, pilotéeà ce moment par Mazaud, prend feu devant les stands, c'est l'abandon. Une plus tard, la Talbot N°8 de Massa-Mahé, rejoint le cimetière des voitures.

4 h00, nous sommes à la mi-course, la Delage de Gérard-Monneret, mène confortablement devant la Talbot de Mathiescn-Chinetti. Wimille a retrouvé tout son allant et pointe 3e avec la Bugatti, juste devant Lebegue-Levegh. 40 minutes plus tard c'est la consternation chez Talbot. Lebegue s'arrête au stand avec la N°5, on change les bougies, pas pour longtemps, l'allumage est H.S. Dernière émotion pour Talbot la N°3 avec Mathieson qui éclate un pneu et sort de la piste. Wimille crève dans les Hunaudières à 8h30 et passe près de la catastrophe. Un amortisseur endommagé et 3 tours perdus semblent sceller le sort de la course.

À 9 heures, Gérard-Monnerais (Delage) ont bouclé 182 tours, Wimille-Véron sont toujours 2e mais à 5 tours. Suivent en 3e et 4e position le duo des Lagonda à 11 et 14 tours. Ultime coup de théâtre à midi, la Delage s'arrête une première fois pour changer les bougies, puis une seconde fois, pour faire ressouder son échappement et changer un ressort de soupape. Les arrêts cumulés, totalisent 42'.

Cette fois, c'est terminé Wimille-Véron (Bugatti) l'emportent en bouclant 3354,760 km à la moyenne de 139,781 km/h (nouveau record). Gérard-Monneret sur Delage 2e à 3 tours, remportent la classe – 3 litres. Dobson-Brackenbury (Lagonda) finissent 3e à 9 tours et Selsdon-Waleran 4e à 10 tours. L'Allemagne, figure aussi au palmarès avec la victoire de Von Schaumburg Lippe-Wencher en moins de 2 litres assortie d'une 5e place à la distance à tours.

Pour Levegh ça marche par deux. Deux participations, deux possibilités de victoires, deux abandons au final…

Chapitre 2

FAITE TAIRE les MOTEURS, AVANT de les FAIRE REVIVRE

Après les 24 heures du Mans, Levegh fait sa rentrée sur sa Talbot personnelle, lors du G.P du Comminges disputé à Saint-Gaudens, le 6 août. Une épreuve importante, sous l'égide de la Régie Nationale Renault, renaît après 2 années d'interruption,

Il s'agit de la 12e édition, tous les meilleurs pilotes français du moment sont engagés. Après le forfait de René Dreyfus, 23 concurrents participent aux entraînements. Le circuit du Comminges, long de 11 km, a la particularité d'avoir une ligne droite de 6km. Louis Gérard, sur Delage, réalise le meilleur temps des essais, devant Raymond Sommer et René Lebègue, tous les deux sur Talbot. Levegh fait le 8e temps.

La course comprend 40 tours. La Bugatti de Wimille, qui part en fond de grille va faire le spectacle. Wimille livre un duel sans merci à Lebègue. René, devance Jean Pierre de 4/10, au baisser du drapeau. Raymond Sommer prend la 3e place à 3'20 et Levegh termine 5e à trois tours, derrière la Delage de Louis Gérard. Dans l'ensemble les moteurs, n'ont que peu apprécié, le prolongement de régime dans la ligne droite. Cinq des sept Delahaye sont éliminées, pour un total de dix abandons.

Alors que la situation politique, se tend de plus en plus à l'international, le G.P de Liège se dispute le samedi 26 août 1939, dans le cadre des activités de l'Exposition Universelle. 16 voitures sont présentes aux essais du vendredi. « Raph » sur Delahaye, réalise le meilleur chrono devant Farina sur Alfa Roméo et Lord Selsdon sur Lagonda. Pierre Levegh, se tient juste derrière, avec le 4ᵉ chrono.

Les organisateurs, annulent la course le samedi matin, en raison de la mobilisation générale décrétée sur le territoire belge. L'Exposition Universelle, qui devait se prolonger jusqu'au mois de novembre, est interrompue le 3 septembre, jour de la déclaration de guerre. Le 3 septembre, le G.P de la Baule, n'a pas lieu pour les mêmes raisons.

Denise et Pierre, décident d'oublier un temps le bruit du canon, en officialisant leurs destins, le 21 novembre 1939 à la mairie du 16ᵉ arrondissement de Paris.

Nous sommes de plein pied dans la « drôle de guerre », qui n'a plus rien de drôle à partir du 10 mai 1940. Les moteurs des bolides, vont se taire pour laisser place à ceux des Panzers. Il faut attendre près de 5 ans, pour que d'autres moteurs de Sherman et de Chaffee, ne viennent remettre de l'ordre, dans la « maison France ».

Le 30 août 1944, le canton de Chaumont en Vexin se libère. Dans leur fuite les allemands détruisent et pillent. L'usine Maurey Deschamps voit ses archives disparaître. La Simca 8 de Denise Bouillin est dérobée, ainsi que la 11cv Citroën de fonction de l'usine.

Tout reste à reconstruire, à partir de la date de la capitulation des armées allemandes, en mai et japonaises en septembre 1945. Au plan sportif, Maurice Mestivier, président de l'AGACI (Association, du Groupement, Automobile, des Coureurs, Indépendants) est le premier à réagir, pour une première mondiale.

Compte tenu des difficultés, avec la pénurie et le rationnement du carburant, Mestivier, s'appuie sur le Général de Gaulle, excusez du peu, pour balayer les réticences administratives de la bureaucratie française. L'organisateur, voit grand le 9 septembre, proposant 4 courses pour la journée. Les Grands Prix du Bois de Boulogne, le nom choisi, sont tracés sur 2,779 km dans les allées du bois,

Une course moto va ouvrir le spectacle, avant les trois épreuves automobiles. La recette de cette manifestation, sera reversée au Comité National de l'Accueil des Prisonniers. Organisateurs et pilotes mobilisés, il faut encore remettre en route, les bolides d'avant-guerre, qui dorment paisiblement dans des garages, ou des granges. Outre le problème de carburant, le manque de pneumatiques, devient le principal souci avec des véhicules « chaussés » depuis 5 ans, de gommes vieillissantes.

En dépit de toutes ces contraintes, 48 motos et 43 voitures sont plus ou moins opérationnelles. La course des « voiturettes », ancêtre de la formule II, porte symboliquement le nom de « Coupe Robert Benoist ». Cet ancien pilote et résistant, trouve la mort en déportation, à Buchenwald en septembre 1944. 12 machines sont au départ pour 36 tours, soit 101,74 km. Aldo Gordini, fils d'Amédée, mène la course de bout en bout, laissant son second Robert Brunet a distance respectable.

Dans la deuxième épreuve, baptisée « Coupe de la libération » 15 voitures plutôt hétéroclites, d'une cylindrée d'1,5 Litre à 3 litres sont réunies, sur la même distance que pour la première course. Les abandons se succèdent, car ce sont des véhicules préparés à la « va vite » avec les moyens du bord. Ils sont seulement 7 à l'arrivée. Henri Louveau sur Maserati l'emporte devant Auguste Veuillet (futur importateur de Porsche en France) à 1 tour et Lascaud sur Amilcar à 2 tours. Le « Président Mestivier », quant à lui finit 5e.

Pour la course phare « la Coupe de Prisonniers » consacrée à la catégorie plus de 3 litres, 43 tours sont à couvrir pour 119,497 km. Le plateau comprend 7 Delahaye, la magnifique Bugatti 50 B de Jean Pierre Wimille accompagné de Type 51, pour Maurice Trintignant et Maurice Balsa. Raymond Sommer fait figure de favori, au volant de la Talbot monoplace à moteur central. 9 retraits sur 16 voitures, encore convalescentes sont à déplorer. Levegh ressort pour l'occasion sa Talbot T150C, et inaugure la liste des abandons

Sommer prend les commandes au départ, Wimille part en fond de grille, n'ayant pas pu participer aux essais. 4e en fin de premier tour, il est dans les roues de Sommer au 3e, avant de passer en tête au suivant. A partir de cet instant, la course est jouée pour la victoire. Le spectacle se passe derrière, l'Alfa Roméo d'Etancelin, , ne tient pas la route, mais « toute la route », avant d'abandonner sur problème mécanique. Louis Gérard se fait quelques frayeurs, alors qu'il vise la 3e place, il dérape et capote, sans dommage pour le pilote. Eugène Chaboud sur Delhaye, est finalement 3e à 3 tours de Wimille, pendant que Sommer prend la 2e place à 20''.

Sur le plan professionnel, Pierre Bouillin, prend la suite de son beau-père Robert Maurey à la direction de la brosserie de Trie Château au cours de l'année 1946. Elle devient Brosserie Bouillin-Maurey.

L'Allemagne est exclue, pour quelques temps, de toutes compétitions, l'année 1946, devient le point de départ, de ce qui aboutira à la formule 1. Malgré les restrictions, une vingtaine d'épreuves sur pistes en Europe, principalement en France et en Italie sont mises en place. À l'automne Trois courses, un peu plus réglementées avec moteur de 1500cc à compresseur où 4500cc atmosphérique sous l'appellation formule A marquent une première étape.

Faute d'une industrie reconstruite, la quasi-totalité des modèles engagés, sont de fabrication d'avant-guerre. La véritable innovation, concerne l'Alfa Roméo 158 de 1938, dite « Alfetta ». Elle possède maintenant un moteur 1500cc, avec deux compresseurs Roots, au lieu d'un seul. La puissance passe de 180 à 195cv. Pierre Levegh n'a d'autre de choix que de rester fidèle à sa Talbot T150C, qui tire péniblement 175cv.

La saison, commence le 22 avril avec le G.P de Nice. Le parcours urbain de 3,218 km, traverse « la promenade des anglais ». Sur les 23 engagés, 20 voitures, prennent finalement le départ. 209 km sont à parcourir sur 65 tours. Les Maserati 4CL, monopolisent la première ligne de départ avec un meilleur temps pour Luigi Villoresi, devant Arialdo Ruggieri et Franco Corteze. Le monégasque Louis Chiron, sur la Talbot T26 à moteur central part en deuxième ligne avec le 5e temps.

Levegh, se bagarre dans le paquet, jusqu'au 41e tour, avant que la suspension arrière de sa Talbot ne cède. Villoresi confirme sa performance des essais par la victoire, devant Raymond Sommer sur Alfa Roméo, qui réalise le meilleur temps en course. Eugène Chaboud sur Delhahaye finit 3e, mais à 4 tours du vainqueur.

Retour le 30 mai 1946 dans le bois de Boulogne, pour la « Coupe de la Resistance ». Le parcours, est légèrement modifié pour passer sur 3,200 km, à boucler 47 fois. Sur le papier, le plateau, est copieusement garni. Mais l'impréparation des véhicules, le réduit finalement à 16 machines. Jean Pierre Wimille, fait sa rentrée sur Alfa Roméo, son duel avec Raymond Sommer et sa Maserati, meilleur temps aux essais, promet d'être captivant.

La course se veut conforme au pronostic, jusqu'au moment où Sommer, doit faire un passage au stand, pour régler un problème mécanique. À partir de là, Wimille n'a plus qu'à assurer, pour l'emporter. Louis Chiron, sur la Talbot à moteur central, termine 2e, devant Arialde Ruggeri sur Maserati, tous les deux à 1 tour. Henri Louveau (Maserati), finit 4e à 2 tours, devant Levegh 5e à 3 tours. Raymond Sommer 7e, se console avec le record du tour.

Pierre Levegh, s'engage dans les courses, en fonction de sa disponibilité professionnelle. Nous le retrouvons, le 16 juin pour le G.P de Belgique des voitures de sport. Le circuit de Spa Francorchamps, partiellement détruit lors de la bataille des Ardennes, du mois de décembre 1944, ne peut être utilisé. Les organisateurs, se tournent alors vers Bruxelles, pour aménager les allées du bois de la Cambre. Le parcours de 3,700 km à parcourir 33 fois, commence Avenue Franklin Roosvelt.

19 voitures sont attendues, mais 8 ne se présentent pas. La Talbot de Mathieson casse aux essais et déclare forfait pour la course. Sur les 10 voitures restantes, Levegh possède de sérieuses chances, la course étant interdite aux moteurs à compresseurs.

Chiron, est d'abord éliminé sur un problème de pompe à essence, puis Leslie Johnson sur rupture de boîtes de vitesses.dès cet instant, , la victoire se joue entre la Delahaye de Chaboud et les Talbot de Levegh et Sommer. Eugène Chaboud a le dernier mot, mais Levegh n'a jamais été aussi près de la victoire en terminant 2e à 4''. Raymond Sommer, prend la 3e place dans le même tour que les premiers, pendant que Georges Grignard sur Delahaye finit 4e à un tour.

Dijon, concocte 2 courses le 7 juillet 1946, dans le G.P de Bourgogne. La première réservée « aux voiturettes » de 2 litres maximum, va être la plus intéressante. 11 voitures sont au départ, sur un circuit urbain de 2,060 km à parcourir 50 fois. Amédée Gordini, sur une de ses créations, propulsée par un moteur Simca, l'emporte sur le fil, après une lutte au couteau avec la BMW 328 du suisse Hans Weaffler.

La course des grosses cylindrées, par contre déçoit. Le plateau ne comporte que 10 machines, dont 6 ne pourront pas boucler les 100 tours de la course. L'Alfa Roméo de Wimille, fait cavalier seul laissant la Delahaye de Georges Grignard 2e à 5 tours. Pierre Flahaut, sur Amilcar est 3e. Un joint de culasse récalcitrant de la Talbot de Levegh, le contraint à l'abandon au 31e tour. Le « néo-oisien », se voit ainsi privé d'un possible podium derrière Wimille.

Le circuit des 24 heures du Mans, détruit par les bombardements, ne sera de nouveau opérationnel, que pour l'édition de 1949. En attendant, l'ACO propose le 1er Prix des 24 heures du Mans, le 28 juillet…à Nantes. Suivant le programme déjà élaboré à Dijon, deux courses sont proposées, pour les voiturettes et pour les grosses cylindrées. Le circuit de la ville de Nantes, est dessiné sur 4,119 km.

Pour la course des voiturettes, deux manches qualificatives sur 12 tours, sont suivies, d'une finale de 23 tours. Charles de Cortanze, remporte la 1ere manche sur Darlmat Peugeot et Amédée Gordini la seconde. Gordini, confirme dans la finale, devant la BMW 328 d'Eugène Martin.

La course des « gros cubes » sur 45 tours comprend 16 voitures. Un favori se détache, Jean Pierre Wimille, meilleur temps aux essais sur son Alfa Roméo. Dès le début Wimille, prend les commandes devant la Delahaye d'Eugène Chaboud. Le drame survient au 4ᵉ tour, quand la Maserati de Robert Mazaud en voulant doubler la Maserati de Louis Gérard se retourne. Le pilote éjecté, retombe sur la piste, pour l'éviter Chaboud sort de la route. Mazaud, décède peu après son transport à l'hôpital. Il allait fêter ses 40 ans, une semaine plus tard. Louis Gérard, impliqué dans l'accident est disqualifié au 17ᵉ tour, pour conduite dangereuse, avec des conséquences à venir.

Wimille garde le commandement, jusqu'au 21ᵉ tour avant que son châssis, ne cède. « Raph » sur Maserati 6CM prend le relais et l'emporte avec 48''d'avance sur Levegh 2ᵉ. Louis Rosier, sur Talbot est 3ᵉ à 1 tour et Georges Grignard sur Delahaye 4ᵉ à 2 tours.

Après cette nouvelle satisfaction, Pierre, prend la direction du Nord, un mois plus tard, le 25 Août, pour le « Circuit des 3 villes ». Ce circuit, essentiellement tracé sur 5,261 km à Marcq en Baroeul, emprunte, les routes de la Madeleine (quartier de Lille) et de Mons en Baroeul.

À la suite du forfait de la Delage du journaliste, Jean Achard, 14 voitures prennent le départ. En l'absence de Wimille, Raymond Sommer et sa Maserati sont favoris. Raymond, confirme aux essais en réalisant le meilleur temps. Au 48ᵉ passage, le drapeau à damier s'abaisse sur sa voiture, après avoir réalisé le meilleur tour en course. Levegh, toujours régulier, s'offre une nouvelle place de dauphin, à un tour, devant un trio de Delahaye, composé de Chaboud, Grignard et Henri Trillard, classés dans cet ordre.

Le 3 octobre 1946, est inauguré au « Grand Palais », la 33ᵉ édition du Salon de L'Auto. Evènement considérable naturellement, d'autant que la dernière édition date de 1938. Si la plupart des voitures comme la traction de chez Citroën, la 202 Peugeot, où la Simca 8 sont déjà des habituées du grand public, Renault avec sa 4cv crée l'événement.

L'AGACI profite naturellement de l'occasion, pour remettre en place un Grand Prix du Salon, dans les Allées du Bois de Boulogne le 6 octobre. La course « majeure », devient officiellement, la première répertoriée en France formule « A », par la FIA (Fédération Internationale de l'Automobile) avant de prendre l'appellation formule 1. La course, est précédée par une compétition pour voiturettes, la « Coupe Robert Mazaud » en l'hommage au pilote, ancien résistant, disparu deux mois plus tôt à Nantes.

Pour le G.P du Salon, 16 voitures, participent aux essais, après les forfaits de Georges Abecassis et de Reg Parnell. La moitié est équipée de compresseurs. Henri Louveau, sur Maserati 4CL, crée la surprise aux essais, en s'offrant la pôle en 1'37"6 devant un remarquable Levegh en 1'41"4. Le favori Sommer (Maserati), n'a que le 3e temps en 1'41"8.

80 tours de 3,193 km sont à parcourir. Raymond Sommer va vite rétablir l'équilibre, pour se retrouver seul en tête et gagner facilement avec 3 tours d'avance. « Raph » (Maserati 6CM), souffle la 2e place à Pierre Levegh qui a la satisfaction, de terminer « premier des moteurs atmosphériques. » Henri Louveau, qui a passé un certain temps à faire de la mécanique, ne finit que 4e à 6 tours.

La période est à l'heure du bilan, plutôt positive pour Pierre et encore placée sous le chiffre 2. Sur 7 courses, il renonce 2 fois, sur problèmes mécaniques, fait 3 fois 2e, une fois 3e, et une fois 5e. Toutefois, une réflexion doit s'engager, au moment où la formule 1 naît officiellement en 1947. Sa Talbot 150C a démontré encore de belles possibilités, néanmoins, courir sans écurie, avec une logistique souvent réduite, limite à terme ses ambitions.

Suite à son implication, dans l'accident mortel de Robert Mazaud, Louis Gérard, voit son permis de conduire, suspendu pour un an. L'appel au tribunal au mois de janvier 1947, n'y change rien. Privé de volant, l'arrageois décide de créer sa propre écurie. Il lui donne le nom d'Ecurie Gersac, du nom d'une de ses sociétés en Armagnac et Spiritueux.

Pour la réaliser, il rachète cinq Delage D6 3 litres à Walter Watney, l'écurie est officiellement présentée à la presse le 1er avril 1947. La Delage est dérivée du châssis Delahaye 135CS de 1939, d'une robustesse à toutes épreuves, mais trop lourde et sous motorisée, avec 150cv seulement.

La nouvelle formule 1, comporte un calendrier de 33 épreuves répertoriées. 4 sont considérées comme « majeures », les G.P de Suisse, Belgique, Italie et France. Outre l'Europe, l'Amérique du Sud, organise en Argentine, Brésil et Uruguay. Enfin, le « RAC », prête son concours, à l'ancienne colonie britannique en Egypte.

La saison, démarre en Europe avec le G.P de Pau le 7 avril dont la dernière édition remonte à 1939. Le lundi de Pâques, devient le nouveau marqueur de la compétition paloise, dont la notoriété s'installe durablement. Pour la relance de l'épreuve, les organisateurs, auraient mérité une présence étrangère un peu plus fournie.

La « Scuderia Milan », officine de l'usine Maserati représente la principale opposition aux 12 français engagés. Deux Maserati 4CL à compresseur délivrant près de 220cv sont réservées, aux italiens Arialdo Ruggeri et Nello Pagani. L'anglais Ian Connell, sur Maserati 6CL et Prince Bira sur ERA sont aussi de la partie. La « french connexion », se répartit les « Ecurie France » avec la Talbot à moteur central pour Chaboud, trois Delahaye 135 pour Trillaud, Giraud-Cabantous, et Pozzi et « l'Ecurie Gersac » avec des Delage pour Etancelin, Levegh, et Achard. Enfin Wimille, est au volant d'une petite SIMCA Gordini de 1100cc, sans compresseur, Rosier sur une Talbot de sa propre écurie, Sommer sur sa Maserati 4CL personnelle, tout comme Henri Louveau.

110 tours sont à couvrir nécessitant un ravitaillement. Compte tenu de l'étroitesse et de la longueur du circuit de 2769 m, l'organisateur n'accepte, que 14 voitures au départ. Louis Rosier, avec des problèmes de freins et d'embrayage, en fait les frais. Sommer sans surprise réalise la pôle et partage la première ligne avec Chaboud en lui mettant tout de même 3"4/10 d'écart. Levegh, 4e temps, se trouve au côté de Prince Bira en deuxième ligne.

Sommer, est le plus prompt au départ et vire en tête au virage de la gare devant Chaboud. Levegh et Etancelin sont mal partis, au contraire de Louveau, qui échange plusieurs fois la troisième place avec Prince Bira. Au premier passage Wimille est 5e et Levegh 7e. Ruggeri, manque déjà à l'appel, il a loupé le virage du lycée, pour venir s'encastrer dans un lampadaire. Ses blessures aux jambes et à la poitrine, nécessitent une hospitalisation.

Raymond Sommer, creuse l'écart sur Eugène Chaboud qui passe à 15" au 5e tour. Louveau perd 3 places, Pagani pointe son nez et devance Bira et Wimille. Premier abandon significatif, la Talbot de Chaboud s'arrête au 8e tour, sur rupture de joint de culasse. Pagani occupe désormais la 2e place à 30"de Sommer. Au 15e tour « Raymond la science » a doublé tout le monde sauf Pagani. Pour la 3e place, la passe d'arme entre Bira et Wimille assure le spectacle. « JP » compense, le manque de puissance de son moteur Gordini, par l'agilité de la Simca. Sommer, fixe le record du tour à 1'49"6 à 90,806 km/h au 35e passage. Au 37e, Prince Bira renonce bielle coulée, puis au 46e tour Wimille s'arrête avec des problèmes d'embrayage, alors qu'il était revenu à 20" de Pagani. Furieux Amédée Gordini, reprend le volant avant un abandon définitif au 64e tour.

A la mi-course, chacun s'arrête pour refaire le plein. Sommer possède un tour d'avance sur Pagani, pendant que Levegh, très régulier, remonte 3e, devant Connell et Achard. Au 63e tour Sommer, stoppe de nouveau avec un problème d'allumage. Le changement de bougies lui coûte 5 tours. « Le Sanglier des Ardennes » part, alors dans une poursuite folle et porte le record du tour à 91,389 km/h de moyenne, au 76e passage. 3 tours après, grisé par la vitesse, il va à la faute dans le virage du casino, éclate un pneu contre le trottoir, avant « d'embrasser » un arbre du parc Beaumont. Il y' a plusieurs blessés, cependant Raymond ne souffre que de quelques contusions.

La course est désormais terminée, Pagani l'emporte avec deux tours d'avance sur Levegh 2e et Louveau 3e. Achard et Etancelin sont 4e et 5e à trois tours.

On reprend les mêmes pour le G.P du Roussillon le 27 avril, mais sans étranger. Le « circuit des platanes » de Perpignan est aussi un tourniquet urbain de 2 km 528, à peine plus rapide que celui dessiné à travers les rues de Pau. Pour cette 2e édition, les 58 tours, limitent le spectacle à une heure et demi, au lieu des plus de trois heures trente, du grand prix béarnais.

Les 12 voitures présentes aux essais, ne nécessitent pas d'élimination directe. Le meilleur temps revient sans surprise à Sommer devant Wimille. Les Delage de « l'Ecurie Gersac », montrent leurs limites, avec la 6e place d'Etancelin, la 7e de Levegh et la 11e d'Achard.

Comme d'habitude, Sommer est un ton au-dessus, mais Wimille ne s'en laisse pas conter au volant de la petite Simca Gordini. Un premier incident se produit au 8e tour, quand les Delahaye de Grignard et Loyer s'accrochent avec les Delage d'Etancelin et Achard. Seul Jean Achard ne peut repartir. La chaleur catalane, vient à bout du moteur Gordini, au 21e tour, puis de celui de Philippe Etancelin au 33e tour.

Raymond Sommer, semble se diriger vers une victoire tranquille, lorsque le compresseur et la boîte trop sollicités de sa Maserati ne rendent l'âme au 44e tour. La Talbot à moteur central d'Eugène Chaboud, n'a alors plus d'adversaire. La lutte se circonscrit pour la 2e place entre Louveau, Giraud-Cabentous (Delahaye) et Levegh, qui termine dans cet ordre à l'arrivée.

Pour le prochain Grand Prix du 18 mai, nous restons sur les bords de la méditerranée, à Marseille. A cette occasion, les écuries italiennes sont de retour, avec la Maserati 4CL de la « Scuderia Ambrosiana » pour Luigi Villoresi, et trois autres de la « Scuderia Milano » pour Chiron, Pagani et Sommer. Les françaises sont là, avec l'écurie France de Paul Vallée, qui mixte trois Delahaye, avec la Talbot à moteur central, réservée pour Eugène Chaboud. L'écurie Gersac engage quatre Delage, pour Achard, Etancelin, Louveau, et Levegh. Les principaux indépendants, sont Trintignant (Bugatti), Enrico Platé (Maserati), David Hampshire (ERA), Rosier (Talbot) et Ian Connell (Maserati 6CM).

Construit sur l'avenue du Prado, le circuit de 4410 m, fait un aller retour pour descendre sur le front de mer, avec deux virages en épingles à cheveux, à la hauteur des plages de Roucas Blanc et de Bonne Veine. Il remonte ensuite par l'avenue, pour un troisième virage vers Saint Giniez. Si le parcours est d'un intérêt relatif pour les pilotes, le spectateur y trouve son compte, avec un excellent visuel. Les mécaniques, vont souffrir de ces longues lignes, suivies de freinages violents.

Raymond Sommer, réalise encore une fois le meilleur temps aux essais des 22 concurrents, devant Villoresi à 9/10. Chaboud est 3e à 7''5 et Chiron 4e à 9''3. Levegh, doit se contenter d'un modeste 2'32'', le 11e temps à …16''3 de la pole !

La course compte 69 tours. Au départ, le suisse Emmanuel de Graffenried explose le moteur de sa Maserati. D'entrée Villoresi et Sommer s'empoignent. Pas pour longtemps, l'italien renonce au 8e tour et le français au tour suivant, tous les deux sur problèmes moteurs. Eugène Chaboud, tient le commandement au 10e, il ne va plus le lâcher. Ses adversaires les plus directs, renoncent, comme Pagani au 23e tour ou Chiron au 27e. Le seul à faire encore illusion, s'appelle Enrico Platé. Il prend la 2e place, à 1 tour de Chaboud, qui remporte consécutivement, son deuxième grand prix.

Les Delage de l'Ecurie Gersac, faute d'être brillantes, se sont montrées solides. Henri Louveau termine 3e à 2 tours, Pierre Levegh 4e à 3 tours et Jean Achard 6e à 4 tours.

Chapitre 3

PREMIER DRAME À LYON-PARILLY

La formule 1, continue son périple des villes de Province, à Nîmes le 1er juin 1947. À noter que toutes les organisations françaises, doivent déboucher sur l'attribution d'un titre de champion de France à la fin de la saison. Pour l'instant seules, les épreuves de Pau et de Marseille sont prises en considération. Le G.P du Roussillon est négligé, en raison de la faible participation, due à l'étroitesse de la piste.

Le circuit nîmois, n'est pas concerné par ce genre de problèmes. La largeur de la piste fait 7m contre les 5 m minimum réglementaires, Le circuit n'accueille pas moins de 26 voitures. La RN87, qui sert essentiellement de support autour de l'aéroport de Nîmes Courbessac, a été entièrement resurfacée. Le tour de 5,216 km est extrêmement rapide, avec de larges courbes, faisant penser au circuit de Reims-Gueux.

Un schisme, vient de se produire dans l'Ecurie France. Paul Vallée, s'attache les services de Louis Chiron, en lui attribuant, la Talbot à moteur central, meilleure monture de l'équipe. Eugène Chaboud, qui se sent floué et rétrogradé, claque la porte. Charles Pozzi et Henri Trillaud, disputent leur dernier G.P pour l'écurie. Un jeu de chaise musicale, va bientôt se mettre en place, pour l'attribution des différents volants. En attendant, Chaboud reprend sa Delahaye personnelle.

Du côté de l'Ecurie Gersac, Maurice Trintignant, membre dirigeant de l'Automobile club du Gard, se voit attribuer la Delage de Levegh, qui se retrouve, avec la Delahaye de réserve de Jean Achard. La présence étrangère, est fournie par Luigi Villoresi (Maserati Ambrosiana), les Maserati personnelles de Reg Parnell et Prince Bira, ainsi que les ERA de Raymond Mays et Fred Asmore.

En raison de la longueur de la course, plus de 3 heures et demie, pour 360 km, deux arrêts seront nécessaires, pour les Maserati à compresseurs. Le départ de la course prévu à 16 heures, est finalement décalé d'une heure, en raison de la chaleur.

Villoresi, meilleur temps aux essais prend les commandes d'entrée devant Chiron. Sommer, oublie d'enclencher l'interrupteur de son réservoir de carburant et part très attardé. Il se retrouve 23e à l'issue du premier tour. Eugène Martin, manque déjà à l'appel, il est sorti de la route avec sa BMW 328. Jean Achard, est aussi accidenté dans le deuxième tour. Au 30e tour, Sommer passe Chiron pour la 2e place qui devance dans l'ordre Raph, Parnell et Prince Bira. Levegh, a déjà abandonné pour une raison inconnue. Raymond Sommer, depuis le début de saison vit « sous le signe indien », son moteur casse au 46e tour. Pour la Delage de « Phiphi » Etancelin c'est la distribution qui le trahit au 54e tour.

Villoresi, garde toujours la tête, sauf un court moment, pour les ravitaillements. Louis Chiron, termine 2e à 2'37'' devant Reg Parnell à 2 tours. Raymond Mays, Charles Pozzi et Yves Giraud Cabantous, finissent dans cet ordre à 5 tours.

Le classement du championnat, n'est pour l'instant qu'officieux, le temps de statuer sur le cas de Louis Chiron, de nationalité monégasque. Eugène Chaboud occupe la tête avec 11,5 pts, devant Pierre Levegh et Henri Louveau deuxième exæquo 11pts, et Jean Achard quatrième avec 6pts.

La première grande compétition internationale le G.P de Suisse, a pour cadre le circuit de Bremgarten près de Berne le 8 juin. Pour l'occasion, l'écurie d'usine Alfa Corse, fait son retour avec ses redoutables Tipo 158.

Dans ce contexte, les français font profil bas. L'écurie Gersac où Levegh est remplacé provisoirement par le suisse Ernst Hürzeler, repose essentiellement sur Henri Louveau, Maurice Trintignant et Roger Loyer. L'écurie France est absente et Eugène Chaboud court en indépendant sur sa Delahaye. Les alfa font le triplé, avec un Jean Pierre Wimille, vainqueur impérial. Sommer sur sa Maserati finit 4ᵉ à un tour.

Nous restons sur la « catégorie internationale », avec le G.P de Belgique du 29 juin, qui retrouve son circuit de Spa Francorchamps rénové. Levegh, récupère la Delage de l'Ecurie Gersac, avec Trintignant et Louveau comme coéquipiers. L'écurie France se recompose, autour de Chiron sur la Talbot à moteur central, avec des Delahaye pour le belge Emile Cornet et Yves Giraud-Cabentous. Le carré « d'Alfa Corse » composé de Wimille, Sanesi, Varzi et Trossi, fait figure d'épouvantail.

Naturellement, nous retrouvons, les Alfetta en premières lignes aux essais. Wimille s'adjuge la pole position devant Varzi, alors que Chiron, intercale sa Talbot, précédant la 3ᵉ Tipo 158 de Trossi. La Maserati de Sommer est 5ᵉ juste devant Sanesi 6ᵉ. La course compte 35 tours de 14 km500.

Le tout est de savoir quelle Alfetta va l'emporter ? Pour des raisons commerciales, l'italien Achille Varzi, a les faveurs de Giacchino Colombo, le directeur technique. Jean Pierre Wimille, balaye les consignes d'un revers de main, laissant son équipier 2ᵉ, à plus d'un tour. Le triomphe de la marque italienne est total, Carlo Trossi relayé Par Gianbattista Guidotti, prenant la 3ᵉ place à 2 tours.

La course, fut impitoyable pour les mécaniques. Sur 20 voitures au départ, 7 seulement, franchissent la ligne d'arrivée. Le bilan des écuries françaises est calamiteux. Aucune voiture à l'arrivée pour l'écurie France, l'Ecurie Gersac, sauve l'honneur avec Maurice Trintignant 5ᵉ à 4 tours. Cornet, Louveau et Levegh, ont abandonné ss à la mi-course, pour des causes inconnues. Le couperet tombe, Robert Mazaud, lassé par la non-compétitivité de ses Delage, le coût des engagements et les frais d'entretien, décide de liquider l'Ecurie Gersac.

Le G.P de Reims, prévu le 6 juillet met ses pilotes dans une situation délicate. Compte tenu du délai, seul Trintignant et Louveau récupèrent une Delage, qu'ils vont se partager pour la course. Pierre Levegh, pour l'instant reste sur la touche. L'Appellation G.P de l'A.C. F, revenant cette année à Lyon-Parilly, le circuit rémois doit se contenter d'une manche de Championnat de France. En conséquence Alfa Corse, se dispense du déplacement.

La « Coupe des Petites Cylindrées », précède à 13 heures le G.P de formule 1. La présence des Bira, Sommer, Trintignant et autre Wimille, fait que cette cette épreuve devient l'attraction majeure de la journée. Sans surprise Jean Pierre Wimille sur Simca Gordini, domine la course, jusqu'à l'avant dernier tour, où il rencontre des problèmes moteurs. Les Simca Gordini sortent tout de même grands vainqueurs devant les Cisitalia. Elles réalisent même le tiercé avec dans l'ordre, Prince Bira devant José Scaron et Maurice Trintignant.

Derrière le G.P de Reims parait bien fade, malgré 20 voitures au départ, avec la présence d'Ascari et Villoresi tous les deux sur Maserati. 51 tours de 7,815 km sont à couvrir. Le suisse Christian Kautz (Maserati 4CL), meilleur temps des essais, s'installe au commandement, devant l'autre Maserati de Sommer. Avec le phénomène d'aspiration, lié aux longues lignes droites champenoises, les positions changent sans arrêt. Villoresi bat le record du tour au 3e passage, prend les commandes, pas pour longtemps car Kautz réagit.

Au 10e tour, la situation est la suivante : 1er Kautz, 2e Ascari à 7'', 3e Villoresi à 1', 4e Chiron (Talbot) à 1'4'' et 5e « Raph » à 1''13''. Au 19e tour « Raph », abandonne, canalisation d'huile rompue. Au 20e, Villoresi est de nouveau 2e à 3'' du leader. Chiron à 3e à 2'24''roule devant Ascari à 2'41''. Alberto doit s'arrêter au 22e tour pour un problème moteur, il abandonne peu après. Villoresi a pris les commandes avant le ravitaillement. Au 30e tour, il précède Kautz de 13''et Chiron de 2'41''. Trintignant 4e navigue déjà à presque 3 tours.

La casse continue, le moteur de Villoresi lâche dans le 34e tour, au virage de « bonne rencontre ». Puis, c'est au tour de Trintignant de s'arrêter au virage de Thillois au 45e tour, moteur serré. Kautz, gros outsider, s'impose devant Chiron à 2'39''6, Bob Gérard sur ERA finit 3e à 3 tours. Le premier français, Eugène Chaboud sur sa Delahaye personnelle est 4e à 56'' de Gérard.

Christian Kautz, décède pratiquement un an après jour pour jour, au G.P de Suisse à Bremgarten.

Pour le G.P de l'Albigeois du 13 juillet 1947, Pierre Levegh, trouve refuge dans l'Ecurie Naphtra Course. Cette équipe, mise en place par le vicomte Georges Raphael Béthenod de Montbressieux, plus connu dans le milieu automobile, sous le nom de « Raph », dispose de deux Maserati 4CL, une pour lui, l'autre pour Levegh.

Après le forfait d'Amédée Gordini, 25 voitures se présentent aux essais sur le Circuit de Planques. La plupart des italiens, sont retenus à Bari pour une course le même jour. Le plateau est assez hééroclite, composé de 6 Cisitalia à moteur Fiat 1100cc, 4 Simca Gordini de même cylindrée avec Sommer, Trintignant et Wimille aux volants. Pour les voitures à compresseurs, elles sont huit Maserati ou ERA, complétées par d'anciennes Delahaye ou Talbot de 3,5 litres ou 4 litres. Henri Louveau sur Maserati réalise la pole, mais Wimille prouve encore toute sa dextérité en réalisant le 2e temps. Levegh et Raph qui ont peu tourné sont en fond de grille.

40 tours de 8,901 km sont prévus. La Maserati de Reg Parnell et la Cisitalia d'Harry Schell sont éliminées d'entrée, pistons crevés. Wimille et Louveau, ne profitent pas longtemps de leur première ligne le premier s'arrête au 7e tour, le second au 8e pour la même cause moteur H.S. Nous allons dénombrer, pas moins de dix pannes moteurs, tout au long de la course, essentiellement pour surchauffe due à la chaleur. Levegh grille une soupape au 33e tour et Chaboud (Delahaye), en lutte avec Rosier pour la victoire, est accidenté à un tour de la fin.

Louis Rosier l'emporte sur Talbot, devant Sommer sur Simca Gordini à 2'02'' et Charles Pozzi (Delahaye) à 1 tour. Ils ne sont que 7 à l'arrivée.

Les courses s'enchaînent, le G.P de Nice se déroule la semaine suivante, le 20 juillet. Ascari et Villoresi, participent avec deux Maserati 4CL de l'écurie Ambrosiana. Levegh et Louveau représentent avec le même type de voiture la Scuderia Milano. Wimille continue de faire confiance à la petite Simca Gordini, pendant que Chiron, absent à Albi, reprend son volant sur la Talbot à moteur central de l'Ecurie France. Enfin Sommer, revient à son habituelle Maserati personnelle.

La tendance est à l'allongement des courses, obligeant un ravitaillement, ménageant ainsi suspense et spectacle supplémentaire, pour le spectateur. La course niçoise, n'y coupe pas, passant de 60 à 100 tours. Sommer, intercale sa Maserati entre celle de Villoresi, en pole et celle d'Ascari, lui permettant un départ en première ligne. Levegh réalise le 9e temps des 20 concurrents.

Raymond Sommer, se montre le principal adversaire de Luigi Villoresi jusqu'au 28e tour. Moment où moteur en feu, il est contraint à l'abandon. Alberto Ascari, après plusieurs arrêts au stand devra se contenter de la 4e place à 3 tours du vainqueur. Les deux coéquipiers du jour, Louveau et Levegh abandonnent au même moment dans la 46e boucle, le premier sur rupture de magnéto, le second pour un piston crevé. Jean Pierre Wimille, hisse sa Simca Gordini à la 2e place, à 2 tours de Villoresi, qui n'a pas connu d'adversaire sérieux, en dehors de Sommer. Fred Ashore, relayé par Reg Parnell au ravitaillement, finit 3e à 2 tours.

Nous restons sur un circuit en ville le 3 août, pour le G.P d'Alsace, disputé à Strasbourg. Bien que nous soyons, plus au nord que sur les grands prix précédents, la canicule est bien présente en cet été 1947. 19 voitures sont retenues, avec l'écurie Ambrosiana de Villoresi et Ascari pour assurer une présence étrangère. Pierre Levegh retrouve l'Ecurie Naphtra Course. Son « patron » du moment « Raph », se fait des sueurs froides. Sa Maserati, en provenance d'Italie, arrive 2 heures avant le début de la course, du coup il part en dernière position. 85 tours sont à couvrir représentant 308 km.

Après les essais, Villoresi occupe la première ligne avec son coéquipier Ascari. Derrière, nous retrouvons Louis Chiron, qui fête ses 48 ans le jour de la course, au côté de Louis Rosier. Puis en 3e ligne les deux Talbot de Pozzi et de Giraud Cabentous. Levegh, avec le 14e temps, se retrouvent en 7e ligne.

Un accident de moto entre Goodman et Freiss, lors d'une course de deux roues, en lever de rideau, retarde le départ d'une heure. Villoresi est le premier en action, d'autant qu'Ascari fait patiner son embrayage et se laisse surprendre par Chiron. Louis Chiron, vire en tête à la fin du premier tour, devant les deux italiens. Villoresi s'arrête peu après au stand, avec un problème d'allumage, un changement de bougies s'impose. Chiron, qui évolue sur la 3e Maserati de l'écurie Naphtra abandonne au 15e tour avec un problème de boîtes. C'est aussi le cas « du boss » de chez Naphtra, Raph.

Jean Pierre Wimille, sur sa Simca Gordini, déjà peu à l'aise aux essais, renonce au 27e tour avec des problèmes de freins et une rupture du pont arrière. Ascari mène, Villoresi navigue en 10e position à deux tours du leader. Il se lance dans une poursuite effrénée. Alberto Ascari, finit par abandonner sur rupture de soupapes. Yves Giraud-Cabantous, sur la Talbot 26 SS, de l'écurie France, régulier depuis le départ, devient le nouveau leader. Luigi Villoresi, magnifique est en seconde position.

Pierre Levegh, dispute alors la 3e place à Louis Rosier, et fait un arrêt au stand inattendu. Incommodé en raison de la chaleur, par les vapeurs d'essence de son moteur, Pierre est au bord de l'asphyxie. Raph, reprend le volant de la Maserati N°20. Luigi Villoresi fonc sur Giraud Cabantous, et le double sur la fin pour l'emporter avec 1'14" d'avance. Rosier finit 3e devant Louveau 4e et Pozzi 5e tous à 3 tours, le duo Raph-Levegh, termine 7e à 5 tours.

Au classement du championnat de France, Louis Rosier, prend la tête devant Eugène Chaboud et Henri Louveau.

Le circuit du Comminges de plus de 11 km, permet d'accueillir 35 voitures, pour l'étape suivante à Saint Gaudens, le 10 août. Le forfait de Wimille, pour un problème moteur, réduit la participation à 34. Pour faire le nombre, 5 « voiturettes » Cisitalia et deux BMW 328, sont venues grossir le peloton des autres concurrents. Bien entendu, toutes ces petites cylindrées, ne peuvent compter que sur la défaillance des grosses, et leur propre résistance pour exister.

L'Absence de Sommer, ne fait que conforter Villoresi et Ascari, dans le rôle de favoris. Les deux italiens font les meilleurs temps des essais, Luigi devant Alberto. La bonne surprise, vient de Levegh qui hisse la Maserati « Naphtra », en deuxième ligne, au côté de la Talbot de Chiron.

Au départ des 30 tours, la chaleur lourde, annonce un changement de temps. Louveau reste planté sur sa ligne. Villoresi, toujours aussi vif, entraîne Ascari dans ses roues, et Levegh bon 3e surprend Chiron 4e. Les accidents « des seconds couteaux », se succèdent, cinq dans les dix premiers tours. Levegh, réussit à doubler Ascari et se tient dans le sillage de Villoresi. La Delahaye de Pozzi, coule une bielle au 10e tour, celle Pierre Larue prend feu dans le tour suivant.

Nous arrivons à la mi-course, au moment où une violente averse inonde l'ensemble du circuit. Raph renonce au 16e tour, Sur la route devenue glissante, Levegh et Villoresi s'accrochent au 17e, éliminant d'un coup les deux leaders de la course. Ascari, ne profite pas longtemps de son nouveau statut, il est contraint à un arrêt au stand, pour un problème d'allumage.

Dès cette minute, la bagarre s'enclenche entre les 2 Talbot de l'Ecurie France de Chiron et Giraud Cabantous. À l'arrivée ½ seconde, sépare le monégasque premier, du français second. Eugène Chaboud, lui aussi sur Talbot est 3e à 1'45"7. L'exploit du jour, vient de Roger Loyer, sur la petite Cisitalia, qui réussit à devancer pour la 4e place d'une seconde Emmanuel de Graffenried, sur sa Maserati à compresseurs.

Le retour des Alfetta pour le G.P dItalie du 7 septembre, a de quoi inquiéter les autres écuries.

Le quartier Portello de Milan, berceau des usines Alfa Roméo, reçoit dans le cadre de Sempione Park cette 17ᵉ édition du Grand Prix. Les Alfetta jouent à domicile avec quatre machines, pour Carlo Felice Trossi, Achille Varzi, Consalvo Sanesi et Alessandro Gaboardi. Vous noterez, qu'Alfa Corse, s'est bien gardé d'embaucher Jean Pierre Wimille, pour préserver éventuellement une victoire 100% italienne.

Maserati représente la principale opposition. Sont présentes les deux semi-officielles de la Scudéria Ambrosiana pour Ascari et Villoresi, les deux de l'écurie Naphtra pour Levegh et Raph, quatre pour la Scudéria Milano, plus six autres indépendantes avec Chiron et Sommer. Bref, 14 Maserati au départ sur 25 engagés. Les voitures Françaises sont réduites à trois, avec une Delage pour Louveau et deux Delahaye pour Pozzi et Chaboud. Pour la première fois depuis longtemps, Talbot est absente.

Le circuit de 3 km 450, avantage un peu plus les Alfa avec ses larges courbes rapides. Villoresi 3ᵉ temps des essais est le seul à pouvoir s'intercaler entre les Alfetta de Sanesi en pole, de Trossi 2ᵉ temps, et de Varzi 4ᵉ chrono. Levegh et Raph sont 10ᵉ et 12ᵉ.

Les 100 tours de la course, ne sont qu'une formalité pour les Alfetta. Raph renonce dès le 3ᵉ tour, canalisation d'huile rompue et Levegh au 6ᵉ. Sommer, ne va pas beaucoup plus loin avec une casse moteur au 20ᵉ. Le seul à pouvoir contrer les locaux, Villoresi voit ses freins l'abandonner au 53ᵉ passage. Trossi l'emporte sur le fil avec 2/10ᵉ d'avance sur Varzi et 1 tour sur Sanesi. Premier « non Alfa » Ascari, finit 5ᵉ à 6 tours.

Les concurrents, considèrent le forfait d'Alfa Corse avec soulagement pour le G.P de l'A.C.F, sur le circuit de Lyon-Parilly le 21 septembre. Alfa forfait, Talbot fête son grand retour avec 6 voitures. 3 sont indépendantes, pour Chaboud, Rosier et Comotti, les 3 autres sont aux couleurs de l'écurie France avec la T26 à moteur centrale pour Chiron, la T26 à moteur décalé pour Chinetti et une 26SS pour Giraud Cabantous. La légion des Maserati, se limite à 6 avec les deux Ambrosiana, les deux Naphtra, et deux « Platé » pour Louveau et de Graffenried.

Une nouvelle CTA Arsenal, projet soutenu par l'état français, est mise à disposition pour Raymond. Sommer. L'investissement s'avère catastrophique. Mal préparée, 13e temps sur 18 aux entraînements, la voiture reste plantée au départ, sur rupture de demi-arbre. Ascari et Villoresi, en retard aux essais partent en dernières positions. Louveau est en pole, avec Chiron et Chaboud à ses côtés. Sur la deuxième ligne, nous retrouvons Levegh et « Georges Raph ».

70 tours de 7,291 km sont à boucler sur un circuit rapide, élaboré sur les bases du futur périphérique lyonnais. Levegh grille la politesse au départ, entraînant dans ses roues son coéquipier Raph. Louveau défend la 3e place à Chaboud et Chiron. Parti en fond de grille, Villoresi, prend la tête au 3e tour, mais abandonne au tour suivant, pour avoir trop sollicité son moteur. De Grafferied lui succède peu de temps, Louis Chiron prend la tête. Au 10e passage, il devance de Graffenrid, Louveau suit en 3e position, devant Raph et Levegh. Le moteur du suisse explose au 21e tour.

Levegh revenu en 3e position au 23e tour, voit le vilebrequin de sa Maserati, se rompre en pleine ligne droite, à plus de 200 km/h. La voiture devenue incontrôlable rentre dans un groupe de personnes. Pierre n'est que légèrement blessé, mais on relève au nombre des victimes, 14 blessés et 3 morts, dont une femme tuée sur le coup.

Les voitures s'éliminent d'elles-mêmes, souvent victimes de surchauffe, sur un circuit particulièrement exigeant. Le moteur de Raph cède au 36e tour, tout comme celui de Giraud Cabentous au 39e et d'Ascari au 63e. Chiron tient toujours le cap, même si Louveau parvient à un moment à réduire l'écart. Louis Chiron l'emporte avec 1'38" d'avance sur Henri Louveau. Eugène Chaboud et Louis Rosier sont 3e et 4e à un tour.

Pour Pierre Levegh, psychologiquement le coup est rude, il va mettre un moment à s'en remettre…

Chapitre 4

LES ANNÉES TALBOT-LAGO

Pierre Bouillin, se range provisoirement des voitures. Son activité professionnelle l'accapare, le négoce automobile occupe une part de son activité, le reste étant pris par « la Brosserie ». Le magasin bijouterie, du 65 rue Turbigo à Paris, l'entreprise familiale de Trie Château, mais dans un cadre plus large, il est membre de la chambre syndicale des brossiers de l'Oise et Président du Groupe « Brosserie Fine », de la fédération nationale de la Brosserie.

Les deux dernières courses de l'année, le G.P de Lausanne du 5 octobre et le G.P du Salon à Montlhéry du 16 novembre se déroulent sans « Levegh ». Yves Giraud Cabantous remporte ce dernier Grand Prix, décrochant au passage le titre officieux de champion de France, devant Eugène Chaboud et Charles Pozzi.

En dehors du concept avorté de la CTA Arsenal, les voitures de courses, de formule 1, datent toutes d'avant-guerre. Alfa Corse domine la compétition grâce à ses Alfetta, remotorisées, par deux compresseurs. L'industrie renaissante, permet en 1948 à de nouveaux projets de voir le jour. Maserati, en premier, refonde profondément ses 4CL, pour un nouveau modèle baptisé 4CLT.

Les principales modifications portent sur le châssis, où les traditionnels longerons sont remplacés par une structure tubulaire. La suspension arrière, est modifiée, les freins à tambours sont munis s d'ailettes de refroidissement et le moteur se trouve désormais boosté, par un compresseur à double étage, faisant passer la puissance de 220cv à 260cv, rivalisant r avec les Alfa.

Chez Talbot, Anthony Lago, décide de partir de la base saine de la T26 à moteur central de 1939, vainqueur du G.P de l'ACF 1947, pour faire évoluer son nouveau modèle. Le châssis à course de 2,50m, reste la base. La modification, se fait au niveau de la traverse avant, reculée de 14cm, évitant un montage de la suspension en porte à faux. La calandre, est élargie pour permettre un meilleur refroidissement, considéré comme un point faible sur la T26.

La motorisation de la nouvelle T26C (C pour course) reste fidèle au 6 cylindres en ligne atmosphérique de 4,5 litres. Le nouveau moteur à bloc et culasse allégés en Alpax, (alliage d'aluminium), reçoit un double arbre cames gavé par 3 carburateurs zénith. La puissance de 250cv, risque d'être un peu juste, pour contrer les moteurs « compressés » Maserati et surtout Alfa Roméo.

L'objectif d'Anthony Lago est aussi commercial, et pas seulement en vue de retombées économiques, sur les modèles de gamme présentés en catalogue. Le succès commercial, sera supérieur au succès sportif, douze modèles sont construits et vendus de 1948 à 1950.

Les anciens modèles, sont toujours d'actualité, à l'ouverture de la saison à Pau le 29 mars. Après sa victoire de 1947, Nello Pagani double la mise sur la Maserati 4L de la Scudéria Enrico Platé devant la Talbot L26 à moteur décalé d'Yves Giraud Cabentous, à 2 tours. Encore une fois, Wimille et Sommer, sont victimes de la malchance. Jean Pierre avec une Simca Gordini, dont la cylindrée a été portée à 1430cc, domine le premier tiers de la course. Raymond, le relaye ensuite sur sa Maserati personnelle. Une touchette suivie d'une rupture du pont arrière, mettent un terme à ses espoirs, à un tour de la fin.

Le G.P des Nations à Genève du 2 mai 1948, voit débuter la Maserati 4CLT aux mains de Nino Farina. Les Alfa toujours absentes, « el dotore » réussit un coup de maître, pole position, record du tour et victoire finale. La nouvelle marque Ferrari, équipée d'un moteur V12 à compresseur, retient l'attention, aux mains de Raymond Sommer qui termine 3ᵉ à 1 tour.

La nouvelle Talbot T26C (N° 10 001), fait ses premiers tours de roues, aux mains de Louis Rosier, pour le G.P de Monaco du 16 mai. Quelques problèmes de jeunesse, ne donnent que le 14ᵉ temps au français, avant un abandon, sur ennuis de moteur au 16ᵉ tour. Giuseppe Farina réalise un nouveau grand chelem, pôle, record du tour et victoire, devant la T 26 à moteur central de Louis Chiron à 35''.

Sans présence italienne, au G.P de Paris à Montlhéry, le 30 mai les françaises font la loi. L'écurie France réussit un doublé, Giraud Cabentous sur la T26 à moteur décalé, l'emporte devant la T26 à moteur central de Louis Chiron. Eugène Chaboud et Guy Mairesse sont 3ᵉ et 4ᵉ sur les Delahaye, mais à 3 tours des Talbot.

Au G.P de San Remo, du 27 juin, la Scudéria Ambrosiana touche deux nouvelles Maserati 4CLT pour Ascari et Villoresi. Farina éliminé avec un problème d'accélérateur au 27ᵉ tour, elles réalisent le doublé, Alberto devant Luigi. Louis Rosier sur la T26C, finit 5ᵉ à 4 tours derrière la Ferrari V12 de Raymond Sommer 4ᵉ.

Le G.P de Suisse et d'Europe, du 4 juillet 1948, marque le retour des Alfetta, sur le circuit Bremgarten. La compétition, est hélas surtout endeuillée, par deux accidents. Il pleut aux essais. Achille Varzi, perd le contrôle de son Alfa dans une descente. La voiture se retourne sur lui et le malheureux pilote, nuque brisée décède sur le coup. Varzi, n'avait pas 20ans lorsqu'il a commencé sa carrière, faisant partie des meilleurs volants d'avant-guerre. Sa rivalité avec Nuvolari, reste dans toutes les mémoires, il meurt à 43ans. Pendant la course, le local Christian Kautz, sort de la route avec sa Maserati, dans le virage d'Eymatt et se tue.

Malgré le deuil, d'Achille Varzi, Alfa Corse, décide de faire prendre le départ à ses 3 Alfetta restantes. Jean Pierre Wimille, meilleur temps des essais et en course, laisse la victoire sur la ligne d'arrivée à son coéquipier italien Carlo Trossi proche de Varzi. Luigi Villoresi, sur Maserati termine 3ᵉ devant la dernière Alfetta pilotée par Sanesi.

Pour le G.P de l'A.C.F à Reims le 18 juillet, trois Talbot T26C, pour Comotti, Etancelin et Raph, rejoignent celle de Rosier. Si l'on rajoute les plus anciennes de l'Ecurie France, et celle de l'Ecurie Lutétia pour Pozzi, ce n'est pas moins de sept voitures, qui représentent la marque de Suresnes. Elles ne seront pas trop nombreuses, pour contrer les trois Alfetta d'usine et les trois Maserati.

La nouvelle la plus importante, représente l'arrivée en Europe d'un pilote argentin, du nom de Juan Manuel Fangio. « Le sorcier » lui confie une Simca Gordini pour épauler Pierre Veyron. Le Forfait de la CTA Arsenal, que devait conduire Eugène Martin pour la course, tient de l'anecdote. La voiture est à 39"2/10, de la pole position de Jean Pierre Wimille aux essais ! Elle est retirée pour la course.

Wimille, prend d'entrée le commandement, en ne la laissant, la tête à ses coéquipiers, que ponctuellement lors des ravitaillements. Villoresi, essaye bien de tenir le rythme des Alfa, mais doit s'arrêter dès le 6ᵉ tour pour faire souffler sa machine. Sur le circuit le plus rapide d'Europe, les Alfetta sont particulièrement dans leur élément. À l'arrivée, le triplé sacre leur succès, Wimille impérial devance Sanesi et Ascari. Loin derrière, les Talbot de Comotti, Raph et Rosier, prennent les places suivantes, mais à 2 tours et plus du vainqueur.

Le 1ᵉʳ août, les pilotes de Talbot, Maserati et autres Delahaye, prennent le forfait d'Alfa Roméo, pour le G.P du Comminges avec philosophie, et soulagement. La chaleur saint-gaudinoise, n'aura pas de prise, sur la seule Maserati 4CLT engagée. Luigi Villoresi l'emporte et laisse les places d'honneur aux Talbot. Raph termine à 4'30"7, Chiron et Rosier 3ᵉ et 4ᵉ à un tour.

Pour l'épreuve suivante, le 1er G.P de Zandvoort du 7 août, français et italiens boudent l'organisation hollandaise. Les britanniques, forment l'essentiel du plateau avec des ERA (English Racing Automobiles) de type A et B. La course, se dispute sous forme de deux manches qualificatives de 24 tours suivi d'une finale sur 40 tours.

Reg Parnell sur une Maserati 4CLT de la Scuderia Ambrosiana, remporte la première manche, et Prince Bira sur Maserati 4CL la seconde. Dans la finale, Prince Bira parvient à contenir Tony Rolt sur Alfa L8 de justesse. 1/10 de seconde, sépare les deux voitures à l'arrivée. Reg Parnell finit 3e à un tour, devant l'autre Maserati de Duncan Hamilton.

Pierre Bouillin, redevient « Levegh » onze mois après son accident de Lyon-Parilly. Pour se faire, il fait l'acquisition d'une Talbot 26C toute neuve (châssis 110005), dans le courant de l'été.

Le Grand Prix de l'Albigeois du 29 août 1948, doit être l'occasion de vérifier, s'il a retrouvé toutes ses sensations. L'épreuve, se dispute en 2 manches de 17 tours de 8,900 km, avec un classement final à l'addition des temps. Peu concerné, par cette course considérée « comme mineure », Alfa Corse, ne fait pas le déplacement. 10 Maserati, avec deux 2 4CLT, font face à 8 Talbot dont cinq T26C. Les deux Ferrari 166SC de la Scudéria Inter ne sont pas à négliger. Le reste du plateau est complété par deux Delahaye et une Emeryson-Duesenberg 4,5 litres.

Sans grande surprise, Luigi Villoresi réalise le meilleur temps en 3'14"2. Philippe Etancelin démontre que les Talbot, ne sont pas battues d'avance en réalisant le 2e temps (3'20"2). Pierre Levegh, en manque de compétition et de préparation, part en milieu de grille avec le 12e temps (3'32"0).

Villoresi domine la première manche, sans toutefois creuser des écarts définitifs. Gianfranco Comotti sur Talbot est à 30", juste devant Leslie Brooke, l'équipier d'un jour de Villoresi, sur la Maserati de l'écurie Ambrisiana. « Phiphi » Etancelin 4e à 37", n'a pas dit son dernier mot. Levegh, après beaucoup d'arrêts pour peaufiner les réglages de sa Talbot encore mal dégrossie, termine 14e à 4 tours.

Visiblement, Pierre trouve la « bonne carburation » dans la 2e manche en finissant 4e à 1 tour. Le moteur de Brooke cède au 9e tour et Villoresi confirme en l'emportant une nouvelle fois. Chiron,qui a perdu beaucoup de temps au stand, dans la manche précédente, termine 2e à 27" devant Etancelin à 1'05".

Villoresi, remporte naturellement le classement final, devant les Talbot d'Etancelin et de Rosier. Pierre Levegh trop attardé dans la première manche n'est que 9e à 5 tours, devant Louis Chiron 10e à 7 tours.

S'estimant insuffisant préparé, Pierre fait l'impasse, sur les deux compétitions à suivre. Le G.P d'Italie à Turin du 5 septembre, et le Grand Prix de Grande Bretagne à Silverstone du 2 octobre, sont particulièrement relevés. En Italie, 30 voitures prennent part aux essais pour 20 places disponibles sur la grille de départ.

Jean Pierre Wimille (Alfa 158) écrase encore une fois la compétition, en laissant Villoresi (Maserati 4CLT) 2e à un tour. Ferrari, montre sa valeur montante, en terminant 3e avec Raymond Sommer au volant. Les Talbot avec Rosier, Comotti et Etancelin finissent de la 6e à la 8e place mais à 5 et 6 tours du vainqueur.

Luigi Villoresi profite de l'absence des Alfa pour prendre sa revanche en Angleterre devant son coéquipier Ascari. Une fois encore, les Talbot sont dominées. Louis Rosier, le meilleur finit 4e à 4'35"6 précédé par l'ERA type B de Bob Gérard. Là encore les organisateurs n'ont accueilli que 25 voitures sur les 29 prétendants.

Pierre Levegh fait sa rentrée à l'occasion du G.P du Salon le 10 octobre 1948. Depuis l'an dernier, l'autodrome de Montlhéry rénové, a retrouvé ses fastes d'avant-guerre. L'épreuve, utilise le circuit routier et l'anneau pour une distance de 6 km 283 à boucler 48 fois. 28 machines sont engagées, 26 participent à la course.

Le niveau bien moindre, que sur les deux courses précédentes permet à Levegh de jouer les premiers rôles. Curieusement Leslie Johnson ERA type E réalise la pole des essais. Les 2 Talbot 26C de Rosier et Levegh 2e et 3e temps, partagent la première ligne avec l'anglais. Les deux Maserati 4CLT de Prince Bira et de Reg Parnell, principaux dangers, font le 4e et

6ᵉ temps. La T 26C de Georges Grignard, s'intercale entre les deux Maserati.

Le début de course, est marqué par les abandons de Leslie Johnson dès le 3ᵉ tour, pour une fuite au réservoir d'essence. Prince Bira le rejoint peu de temps, après avoir battu le record du tour, pour un problème de barre d'accouplement. Louis Rosier donne sa première victoire à la T 26C, en précédant Pierre Levegh d'1'16''. Yves Giraud Cabantous 3ᵉ à 2 tours, complète le succès Talbot avec la monoplace à moteur décalé.

Levegh poursuit sa saison, la semaine suivante pour le G.P de Monza. Le circuit, ne contient plus provisoirement d'autodrome, détruit en partie pendant les hostilités. Les pilotes, doivent se contenter d'une partie routière rallongée, portée à 6 km300. 24 voitures participent aux essais, avec 20 qualifiées pour la course.

4 alfetta sont engagées et sans surprise, elles réalisent les 4 meilleurs temps des essais. Jean Pierre Wimille, est le seul à descendre sous les 2' au tour (1'59''3). Ses 3 coéquipiers ne sont séparés que de 3/10, mais à 4'' du français. Les 2 Ferrari d'usine de Sommer et Farina sont 5 et 6ᵉ à près de 9'' de la pôle. Les Maserati dans l'ensemble, se montrent meilleures que les 4 Talbot. Chaboud à le 10ᵉ temps et Levegh le 12ᵉ devant Chiron.

Les Alfa sont sans adversaire, d'autant que Raymond Sommer est victime d'un incident peu banal. Il est le premier à s'arrêter au 7ᵉ des 80 tours à couvrir, victime d'une crise d'asthme. Levegh doit renoncer au 35ᵉ passage, suite à un problème mécanique. Wimille est bien le meilleur pilote, sur la meilleure voiture. Il l'emporte en laissant ses équipiers Trossi 2ᵉ à 43'' et Sanesi 3ᵉ à 1'40''. La dernière Alfa de Taruffi après plusieurs passages au stand, finit 4ᵉ à 3 tours. Ascari sur Maserati termine 5ᵉ à 5 t., devant la seule T26C de Chaboud encore en piste, 6ᵉ à 8 tours.

Le séjour dans la péninsule, se prolonge d'une semaine pour Pierre, avec le Circuit de Garde, disputé à Salo le 24 octobre 1948. N'ayant plus rien à prouver, Alfa Corse s'abstient une nouvelle fois. Le circuit routier, en partie en bordure du lac, est dessiné sur 16,400 km à boucler 18 fois. Le plateau peu fourni, surtout compte tenu de la longueur du parcours, risque de rendre la course ennuyeuse.

Parmi les 16 voitures, la moitié se composent de Ferrari 125 à compresseurs ou de 166SC F2. Les deux voitures d'usine de Farina et Biondetti, sont là en le fer de lance. Il n'y a que deux Talbot T26C pour Chaboud de l'écurie France et celle de Levegh. Deux Maserati de F2 A6GCS privées, deux Cisitalia, une ERA et la Gordini d'usine de Manzon.

Sur ce circuit sinueux, les F2 se comportent plutôt bien. Ainsi Bruno Sterzi sur Ferrari 166SC réalise le 2e temps des essais, mais tout de même à 20" de Farina, en pole. Derrière, nous retrouvons encore les F2 de Villoresi (Maserati), la Ferrari de Bracco et la Gordini de Manzon 5e temps. Les 2 Talbot se montrent peu à l'aise.

La course, où finalement 14 voitures prennent le départ après les forfaits de Biondetti et Manzon, est le parfait reflet des essais. Nino Farina l'emporte en y ajoutant le record du tour. Sterzi est 2e à 2'34" et Villoresi 3e à 2'48". Côté Talbot, Chaboud finit 5e à 6' devant Levegh 7e à un tour.

Une année, s'achève sous la domination des moteurs à compresseurs. Les Talbot atmosphériques, moins gourmandes en carburant, n'ont rien pu faire contre les Maserati et encore moins contre les Alfetta. Ces dernières, compensent deux arrêts aux stands, pour ravitailler, par une plus grande vélocité.

Pour les contrer, Antony Lago cherche à tirer quelques chevaux supplémentaires de son 6 cylindres 4,5 litres. La version « course 49 » va être équipée d'une nouvelle culasse à double allumage, avec l'adjonction d'une seconde magnéto. La mise au point plus longue que prévu, ne sera effective dans un premier temps, que sur la voiture de Philippe Etancelin (châssis 110 008) pour le G.P de l'ACF de la mi-juillet 1949.

Des événements inattendus, vont contrarier la nouvelle année qui s'annonçait passionnante. Alfa Corse décide de se retirer, provisoirement des compétitions de Formule 1, alors qu'un boulevard semble s'ouvrir devant leurs Alfetta 158.

Le second est plus dramatique. Lors des essais du G.P du Président Péron, au parc Palermo de Bueno Aires, le 28 janvier 1949, Jean Pierre Wimille, à bord de sa Simca Gordini, voulant éviter un groupe de spectateurs, imprudemment avancé sur la piste, sort volontairement de la route. Gravement blessé, il décède pendant son transfert à l'hôpital. Ironie du sort, pour la première fois, il portait un casque, au lieu du traditionnel « serre tête », utilisé généralement par les pilotes.

Jean Pierre Wimille, c'est Fangio avant l'heure. 2 participations aux 24 du Mans en 1937 et 1939, deux victoires sur Bugatti. Depuis la reprise en 1946, il remporte en trois saisons, 11 victoires en Grand Prix. Le parisien, décède un mois avant son 41e anniversaire.

La saison, commence en Europe le 3 avril, avec le G.P de San Remo. Un duel se tisse entre Ferrari et Maserati, avec une petite touche de Talbot. Seules Levegh et Rosier défendent les couleurs de la marque de Suresnes. Chiron, est présent sur une Simca Gordini de l'Ecurie Automovil Argentina, qui compte aussi deux Maserati 4CLT, pour Fangio et Campos. Les autres Maserati sont au nombre de trois pour l'écurie Platé et de deux pour la Scudéria Ambrosia, avec entre autres Prince Bira. La Scuderia Ferrari engage trois 125C pour Bonetto, Whitehead et Sommer.

Le circuit di Ospedaletti de 3 km380 m, s'inspire du circuit de Monaco. Toutefois, il tourne dans le sens inverse des aiguilles d'une montre. Des trois virages particulièrement serrés, de Piccadilly, Ponticelle et Quadrata, succède la ligne droite d'arrivée, le long de la plage.

Les organisateurs accueillent 22 voitures, soit le maximum possible. Prince Bira, précède Fangio de 2/10 sur la grille, Raymond Sommer complète la première ligne avec le 3e temps. Les Talbot, ne sont pas à la fête, Louis Rosier avec le 13e temps à près de 7'' de la pole et Levegh en avant dernière position à 18''. 2 manches de 45 tours sont à boucler avec un classement à l'addition des temps. La chaleur va avoir raison de beaucoup de mécanique.

Prince Bira, fait patiner son embrayage au départ, et se laisse surprendre par Fangio et Sommer. Englué dans le peloton, « le Prince de Siam » s'applique et reprend régulièrement du terrain. Il bat le record du tour en 1'58''4, 2'' plus vite qu'aux essais. Sans pouvoir inquiéter Fangio, il termine 2e de la manche à 33''4 de l'argentin. Emmanuel de Graffenried, finit 3e à près d'une minute. La moitié des concurrents sont éliminés, Rosier s'est accroché avec la Maserati de Lanza au 25e tour, et Sommer a descendu son joint de culasse au 37e. Levegh fait une course anodine, et termine 10e à 4 tours.

Quelques concurrents, ayant renoncé à participer dans la première manche, parviennent néanmoins, à prendre le départ de la seconde. C'est le cas de Chaboud et de Lanza, moins touchés sur le plan mécanique que pour la voiture de Rosier. Au bout de 15 tours, Levegh, renonce pour une cause inconnue. Bira en 1'56'' améliore le record du tour, et finit encore 2e derrière Fangio. Benedicto Campos devance de Graffenried, mais au classement final, la 3e et 4e place sont inversées.

L'événement palois du 18 avril, est contrarié par le Richmond Trophy qui se dispute le même jour à Goodwood. En conséquence, aucun britannique, ne s'engage dans la ville du roi Henry. Le plateau, regroupe 14 voitures avec deux Simca Gordini, pour jouer les troubles fêtes au milieu des 7 Talbot et 5 Maserati. Trintignant fait sa rentrée sur Simca, après son terrible accident, au G.P de Berne l'année passée, .

La Squadra Argentina, prend le nom d'Achille Varzi, le père du champion ayant cédé l'ensemble du matériel aux argentins, à la mort de son fils. Nous retrouvons les deux 4CLT vues à San Remo pour Fangio et Campos. Deux autres 4CLT, sont engagées par la Scudéria Enrico Platé pour de Graffenried et Pagani. Chaboud doit se contenter d'une 4CL plus ancienne. Chez Talbot les six T26C, sont accompagnées par la monoplace à moteur décalé, de l'écurie « Bleu » dirigée par Lucy O'Reilly, pour son fils Harry Schell.

Le franco-américain va voir sa Talbot ciel et blanc, s'enflammer deux fois pendant les essais, heureusement sans gravité, avec pour toute conséquence, de le reléguer en avant dernière ligne. Juan Manuel Fangio, ne fait pas dans le détail, en laissant de Graffenried à plus d'une seconde et son coéquipier Campos à 1''8. La meilleure Talbot, celle de Chiron, réalise le 5e temps, pendant que Levegh part en 4e ligne avec le 9e temps.

La course va être longue, 110 tours pour 304,590 km. La chaleur risque de faire souffrir mécanique et pilote. Fangio prend la course à son compte, de Graffenried et Campos lui emboîtent les échappements. Au premier passage, l'ordre est identique, suivent derrière, Chiron et Pagani, alors que Levegh est 10e. Chaboud est le premier à s'arrêter pour un changement de bougies, il est aussi le premier à abandonner au 4e tour. C'est au tour de Schell et Etancelin de passer par les stands. « Phiphi » s'arrête définitivement au 8e tour, sur rupture d'amortisseur, après une touchette au virage de la gare. Levegh abandonne peu après sur surchauffe moteur, suivi de peu par Schell au 23e tour, piston crevé.

Nous sommes à peine au quart de la distance, il n'y a plus que 9 voitures en piste. Au 40e tour Fangio a 30''d'avance sur de Graffenried, Chiron 3e n'est pas loin de prendre un tour. Pagani, ne fera pas la passe de 3, alors qu'il ravitaille au 46e tour, il ne peut repartir, privé de démarreur. Au même moment Chiron s'arrête. Le monégasque, victime d'une insolation est allongé derrière les stands, un pain de glace sur la tête. Guy Mairesse, suite à la rupture d'une canalisation d'huile, reprend le volant de sa Talbot. Grignard, pilote de réserve de Talbot, succède à Giraud Cabantous, brûlé aux pieds.

Les positions, ne varient guère jusqu'au 90e tour, où Fangio s'arrête pour ravitailler en huile. La voiture reste muette, malgré les efforts des mécanos. L'argentin, empoigne alors lui-même la manivelle, pour faire repartir la machine. Fangio l'emporte avec 17''d'avance sur de Graffenried et 1 tour sur Campos. Louis Chiron a fini par reprendre le volant, pour placer sa Talbot à la 4e place à 2 tours, devant la Simca Gordini de Trintignant 5e.

Juan Manuel Fangio, confirme qu'il est bien l'héritier de Jean Pierre Wimille. Encore une fois les Talbot, n'ont jamais pu jouer aucun rôle pour la victoire.

Le G.P de Paris du 24 avril, va leur donner une bouffée d'oxygène. Avec 7 Talbot présentes sur 14 voitures engagées à Montlhéry, le scénario est écrit d'avance. Ce ne sont pas les 3 vétustes Maserati à compresseur, les « antiques » Delage, ou la Delahaye de Raph, qui peuvent apporter, une opposition sérieuse. Reste que les deux Simca Gordini de Trintignant et Manzon, peuvent faire illusion.

Pour la course les boîtes de vitesses des Simca, sont trop friables, Trintigant abandonne au 6e tour et Manzon au 18e pour les mêmes raisons. La Talbot de Rosier prend les choses en main bat le record du tour, avant qu'un joint de culasse ne cède au 15e tour. Philippe Etancelin prend le relais et ne sera plus inquiété. Il boucle les 50 tours en 2 h05'31'' en laissant la Talbot partagée par Grignard et Giraud Cabantous à 2'07''. La Talbot « jaune » de l'écurie belge, pilotée par Johnny Claes, finit 3e à 4 tours. Pierre Levegh, après avoir passé beaucoup de temps, à faire de la mécanique finit 5e à 6 tours.

A vaincre sans péril, on triomphe sans gloire...

Chapitre 5

GRANDEUR ET DÉCADENCE DES TALBOT

En 1949, la Fédération Internationale Automobile, se mobilise afin de créer par l'intermédiaire de sa Commission Sportive Internationale, un championnat du Monde codifié, pour être opérationnel en 1950.

Pendant ce temps Fangio a toujours « *la pêche en Roussillon* », pour le G.P dans la préfecture catalane le 7 mai 1949. L'étroitesse du circuit et le tour de 2,538 km. au pied du Castillet, limite la participation à 11 voitures. Afin de ménager les mécaniques et faire durer le suspense, les organisateurs, ont concocté deux manches de 50 tours, avec un classement par addition des temps.

Curieusement, la seule Talbot présente est celle de Levegh. Il est vrai que les agiles Simca Gordini de Sommer, Manzon et Trintignant drivées par « le sorcier », ont plus de chance contre les six Maserati des Scuderias Enrirco Platé, Ambrosiana, et Argentina. Ces derrières aux couleurs ciel et jaune sont pilotées par Fangio et Campos. Prince Bira, surprend tout le monde aux essais, en s'adjugeant la pôle avec 1"3/10 d'avance sur Fangio. Levegh doit se contenter du 10ᵉ temps, seul Louveau sur une Delage hors d'âge tourne 2/10 moins vite.

Dans la première manche, Raymond Sommer victime d'un accident au 3e tour est éliminé. Fangio fait un festival, seul Prince Bira soutient l'allure, mais y laisse 25" au final. Campos, de Graffrenried et Manzon terminent dans cet ordre à un tour. La Talbot de Levegh, ne peut faire mieux que 7e à 4 tours.

Enhardi par sa performance, Prince Bira prend le dessus, fixe le record du tour au niveau de sa pole en 1'27"9. Robert Manzon, abandonne au 24e tour, ce qui permet à Levegh de gagner une place en 6e position. Fangio préfère assurer et termine 2e à 5/10 du Prince de Siam. Villoresi finit 3e devant Benedicto Campos à un tour. À l'addition des temps Fangio remporte son 3e Grand Prix consécutif, devant Bira et Campos. Grâce à sa 2e manche Villoresi devient 6e devant Levegh, les deux hommes finissent à 7 tours.

Suivant le calendrier déjà établi l'an dernier, les concurrents se donnent rendez-vous à Marseille le 22 mai. Afin d'éviter la domination écrasante, des machines suralimentées, seules les voitures à moteurs atmosphériques sont admises au départ. Dans ces conditions, les cartes s'en trouvent redistribuées. Ainsi la Scuderia Achille Varzi participent équiper de Simca Gordini pour Fangio et Campos. Toutes les Maserati, sont de type A6GCS de formule 2. « Le bizarre » fait partie du décor, la DB Citroën de René Bonnet, côtoie une Jicey BMW pour Eugène Martin, avec l'ancienne Bugatti 57S d'Henri Degioanni.

Le spectacle, est assuré par 2 manches qualificatives de 25 tours, avec 12 voitures dans chaque série. Les 6 premiers de la manche, sont qualifiés directement et une épreuve de « repêchage » suit sur 10 tours, pour permettre aux deux premiers, d'accéder à une finale de 50 tours.

L'épreuve, sur le papier semble taillée sur mesure pour les Talbot d'Etancelin Levegh et Mairesse. Le parcours délaisse le circuit du Prado, pour les larges courbes des allées du Parc Borely, avec 2 virages très serrés sollicitant, les freins à outrance. Les frêles et légères Simca Gordini sur la durée peuvent prendre le dessus, sur les lourdes Talbot Lago.

Aux essais, les écarts sont peu importants. Ainsi les deux Simca Gordini de Fangio et Trintignant réalisent le meilleur temps (1'35''1) et décroche la pole pour chaque manche qualificative. Derrière, nous retrouvons Etancelin à 2/10 et la surprenante Stanguellini Fiat de Fernando Righetti à 9/10. Levegh, qui a passé beaucoup de temps à peaufiner ses réglages, n'a que le 16e temps et fera partie de la deuxième course.

Dans la première manche, « Phiphi » Etancelin installe la Talbot dans la peau de favori, en prenant 1''5 sur la ligne d'arrivée à Fangio. Sommer avec sa Ferrari 166 de F2 finit 3e à 1 tour, devant le surprenant Eugène Martin. Manzon, a perdu toute chance au premier tour suite à un accident.

La seconde manche qualificative, voit le doublé des Simca Gordini, Campos l'emportant de 3/10 sur Trintignant. Les écarts sont plus faibles, la Stanguellini de Righetti est 3e à 26'' devant la Ferrari de Bonetto à 38''. Levegh fait une bonne course, mais placé trop loin sur la grille, il ne peut faire mieux que 7e à 1' et devra passer par les repêchages.

Placé en pole dans la manche de repêchage, Pierre contrôle la Talbot de Guy Mairesse qui finit 2e à 8'' du parisien. Les deux pilotes sont en finale, mais devront partir en dernière ligne. Juan Manuel Fangio n'est pas encore baptisé, « le Maestro », ça ne l'empêche pas de distiller toute sa science au volant. Il l'emporte en laissant un excellent Etancelin à 19'' et Maurice Trintignant 3e à 35''. Bonetto 4e à 1''07 et Campos 5e à 1'28'' prouvent que les courses sans moteurs suralimentés, sont quand même plus équilibrées. Levegh, avec les efforts supplémentaires consenti par ses freins, s'est retiré au 30e tour.

La saison bat son plein. Après « les hors d'œuvres » des épreuves nationales, vient le plat de résistance des épreuves majeures. A Spa pour le G.P de Belgique du 19 juin, Fangio va subir sa première défaite de l'année.

Deux Frerrari 125 une officielle, pour Villoresi, Ascari et une privée pour Whitehead, face à cinq Maserati des écuries Ambrosiana et Argentina, les cinq Talbot, vont-elles encore jouer les faire valoir ?

Aux essais Villoresi, s'empare du meilleur temps devant Fangio. Philippe Etancelin en grande forme, parvient à hisser sa Talbot en première ligne, proche de la Ferrari et de la Maserati. Levegh part en 4e ligne avec le 10e temps au côté de la Maserati de Fred Ashmore. La chance des Talbot, peut résider dans la longueur de la course, 35 tours de 14,500 km. Avec plus de 500 km à couvrir, les Ferrari et Maserati, devront s'arrêter deux fois, contre un seul ravitaillement pour les voitures françaises.

Fangio ne boucle même pas un tour, piston crevé. Villoresi démarre en trombe devant la Maserati de Farina et la Ferrari d'Ascari. Luigi et Nino échangent leurs places jusqu'au 8e tour, avant que Farina, ne fausse sa direction, sur une sortie de route. Après 10 tours Villoresi possède 53" sur Ascari, 1' sur Etancelin et 1'33" sur Whitehead. Levegh abandonne au tour suivant à la suite d'un problème mécanique.

Au ravitaillement, Etancelin prend le commandement, il le garde jusqu'au 14e tour. « Phiphi » conserve la 2e position derrière Luigi jusqu'au 19e passage, où il doit renoncer trahi par sa boîte de vitesses. Une Talbot chasse l'autre c'est désormais, Louis Rosier, qui se lance à la poursuite de Villoresi. Il est 2e à 1'06", devant Ascari 3e à 2 à 2'02".

Après le 2e ravitaillement au 25e tour, Rosier possède 25"sur Villoresi. Alors que l'on pense, que la Maserati va dévorer la Talbot, l'écart passe à 51" au 30e tour. Rosier coupe la ligne en vainqueur avec 53" d'avance sur la Ferrari Villoresi et 4'11"sur celle d'Ascari 3e. Une victoire à « la régulière » de Talbot Lago, personne n'aurait misé un « franc belge », avant le départ de la course !

Si la monoplace occupe l'actualité depuis la reprise, la renaissance des 24 heures du Mans relance l'endurance. En août 1944, les alliés bombardent la zone de Pontlieue, où se trouvent les usines Gnome-et-Rhône, spécialisées dans les moteurs d'avions. Les dégâts collatéraux, sont considérables, touchant entre autres, la gare SNCF, le terrain d'aviation et le circuit de la Sarthe.

Les travaux de rénovation, trouvent leur aboutissement en 1949, pour la reprise de la plus grande course d'endurance du monde, des 25 et 26 juin. Les stands en bois d'avant-guerre, laissent place à des structures en béton, surplombées d'un promenoir pour les spectateurs. La plupart des voitures présentes t, ont déjà connu le circuit en 1939. C'est le cas des 6 Delahaye 235, des 3 Delage et des 3 Talbot présentes, parmi les 49 véhicules au départ. Les grosses cylindrées françaises, animent le début de course. Mais c'est la très moderne Ferrari 166 MM 2 litres de Chinetti-Selsdon, qui donne à la firme italienne, sa première des 9 victoires dans la Sarthe.

De son côté Levegh, reste concentré sur la formule 1, pour le G.P de Suisse du 3 juillet. La longueur de la course 40 tours de 7,280 km, soit moins de 300 km, met les Talbot en position moins favorable, qu'en Belgique. Les 3 Ferrari 125 d'usine d'Ascari, Villoresi et Whitehead, sont prêtes, pour la revanche contre les 5 Maserati 4CLT des Scudéria Enrico Platé et Ambrosiana. L'absence de la Scudéria Argentina, pour des raisons de primes de départ, représente une déception, pour le public et pour le spectacle.

Giuseppe Farina, s'attribue la pole sur sa 4CLT personnelle en 2'50"4. Prince Bira également sur Maserati avec 2'53"2, partage la première ligne, avec la Ferrari d'Ascari 2'54"7. Juste derrière en 2e ligne, nous retrouvons la première Talbot de Sommer (2'55"7), avec la Maserati de de Graffenried (2'57"5). Levegh avec un chrono de 3'12"7 n'a que le 15e temps.

Farina confirme d'entrée, en prenant les devants et le record du tour. Sa course, s'interrompt au 13e tour avec un problème de pression d'huile.À partir de là, les Ferrari sont maîtresses du jeu. Alberto Ascari l'emporte devant son coéquipier Luigi Villoresi à 57". Les Talbot s'en sortent avec les honneurs en dominant les Maserati, Sommer finit 3e à 1'07", devant Etancelin 4e à 1'43". Derrière, nous retrouvons la Maserati de Bira 5e devant la Talbot de Rosier 6e. Malgré une course régulière, Levegh ne fait que de la figuration, 10e à 2 tours. À noter le faible nombre d'abandon, 17 voitures franchissent la ligne d'arrivée sur les 20 au départ.

Faute d'avoir participé aux 24 heures du Mans, Levegh décide de faire l'impasse sur le G.P d'Albi du 10 juillet, pour disputer les 24 heures de Spa. La course se déroule le même jour que l'épreuve albigeoise, Pierre partage le volant d'une Delage D6L avec Louis Gérard. 32 équipages sont au départ, Luigi Chinetti réalise le doublé, 15 jours après sa victoire aux 24 heures du Mans. 30' avant le baisser de drapeau, sa Ferrari sort de la piste en dérapant sur une flaque d'huile. Une rapide réparation de fortune, lui permet de sauvegarder l'essentiel. Gérard et Levegh n'ont pas eu cette chance ils ont renoncé, bien avant sur problème mécanique.

Pour le 1ᵉʳ G.P de France du 17 juillet à Reims, la course de Formule 1 sans parler des 2 courses de motos, est précédée par la Coupe des Petites Cylindrées. Fangio et Sommer vont prendre le départ des deux épreuves. Pour la coupe des « Petites Cylindrées », le Trophée Jean Pierre Wimille est mis en jeu, pour rendre hommage au champion disparu en début d'année. 3 Simca Gordini sont opposées à 4 Ferrari et 3 voitures d'une nouvelle marque, Cooper. L'une d'elle est pilotée par un jeune pilote prometteur, de 20 ans à peine, Stirling Moss.

Aux essais la Ferrari de Fangio écrase la concurrence en laissant la Gordini de Trintignant à 7" et la Cooper de Moss 3ᵉ à 14"4. Fangio attaque la course de 26 tours, sur le même rythme devant Sommer. Le premier coup de théâtre, survient au 9ᵉ tour avec l'abandon de Sommer, sur un problème de boîte de vitesses. Au 16ᵉ tour c'est au tour de Fangio, de renoncer, alors qu'il avait pratiquement un tour d'avance sur tous les concurrents. Ascari l'emporte devant l'autre Ferrari de Tandini et Maurice Trintignant 3ᵉ.

Pour la course de Formule 1, Talbot rêve de refaire le coup du G.P de Belgique. Les Maserati et Ferrari à compresseurs devront ravitailler 2 fois contre une fois aux Talbot, la différence peut se faire dans les stands. 500 km sous la chaleur, avec des moteurs à pleine charge, c'est long, très long, trop long ?

La restriction en essence est toujours d'actualité, 4 ans après la libération. Les organisateurs sont contraints d'utiliser un carburant « ternaire » mélange d'essence, de benzol et d'éthanol, peu apprécié par les moteurs. Talbot est majoritairement présente, avec les huit TC26 sorties de fabrication, dont celle d'Etancelin équipée du nouveau moteur à double allumage. Elles font face à 5 Maserati, les 2 Ferrari de Villoresi et Whitehead, et la vieille Delahaye d'Eugène Chaboud.

Villoresi se montre le plus rapide devant la Maserati de Fangio et la Talbot de Rosier. La 2e ligne est toute bleue, avec les Talbot de Sommer et Etancelin. Levegh , 10e temps, part en 4e ligne au côté de la Talbot de Chiron.

Villoresi et Rosier sont les plus prompts au départ, Fangio marque une hésitation et Etancelin se fait déborder par la majorité des concurrents. À la fin de la première boucle Villoresi, précède Fangio et son compatriote Campos. Ce dernier prend les commandes à la fin du 2e tour, alors que Villoresi, abandonne au 4e passage privé de freins. Premiers problèmes, qui justifient de nombreux passages aux stands. Sommer dès les 8e tour et Etancelin au 9e.

Après 10 tours, les deux Maserati de squadra Argentina de Campos et Fangio sont aux commandes devant celle de Prince Bira à 12''. Sommer s'arrête encore au 12e tour, pour un changement de bougies. Au 16e passage Fangio, prend le dessus sur Campos, Bira navigue à 17''. Au 21e tour, Fangio s'arrête pour ravitailler, il repart 3e derrière Campos et Bira. Au passage suivant, Campos s'arrête à son tour. Après 25 tours, Prince Bira à 1'02'' sur Campos, et 1'14'' sur Fangio. C'est le moment du ravitaillement pour Bira r, Fangio n'a plus d'embrayage et abandonne.

Les mécaniques souffrent, le moteur d'Etancelin casse au virage de Gueux, dans le 26e tour et celui de la Talbot de Giraud Cabantous dans le 30e. Puis c'est le leader Campos qui s'arrête dans la 33e boucle avec une soupape cassée. Bira est de nouveau aux commandes, avec 25'' d'avance sur Chiron et 50'' sur Whitehead. Levegh, fait une course régulière, occupant la 5e place à 3'02''.

Pierre, ne bénéficie pas très longtemps, de cette position d'attente, il s'arrête au 39ᵉ tour sur problèmes mécaniques. Peu après la Ferrari de Whitehead prend le dessus sur la Talbot de Chiron pour peu de temps. Au 47ᵉ tour, Prince Bira stoppe pour son 2ᵉ ravitaillement, puis repart 2ᵉ à 17'' de Chiron, pendant que Whitehead occupe la 3ᵉ place à 25''.

La course reste indécise, au 50e tour, Peter Whitehead passe Bira devant la tribune et n'a plus que 12'' de retard sur Chiron. 5 tours plus tard l'anglais prend les commandes et fixe le record du tour. Au 59ᵉ passage, à 5 tours du drapeau à damiers, le moteur de Whitehead devient poussif. Chiron reprend la tête au tour suivant, pour ne plus la quitter. Il précède Bira 2ᵉ de 17'' et Whitehead 3ᵉ de 49''. Les Talbot de Rosier et Sommer, 4ᵉ et 5ᵉ, complètent le succès de la marque française.

Les organisateurs de l'International Trophy, voient grand le 20 août en offrant des primes de départ généreuses aux 36 concurrents engagés, un record pour un G.P de formule 1. « Le Daily Express » principal bailleur, apporte l'essentiel des fonds. Le circuit de 4,649 km emprunte les routes autour des pistes, de l'ancien aérodrome de Silverstone. Deux manches qualificatives de 20 tours, donnent lieu à une finale sur 30 tours.

Dans la mesure, où tous les concurrents terminant la manche qualificative, sont en finale, il s'agit dans un premier temps de ménager les mécaniques. Prince Bira, remporte la première, avec la Ferrari d'Ascari dans ses roues. Dans la seconde, Farina s'impose avec 5'' d'avance sur Villoresi. Levegh termine 9ᵉ à un tour. Le Talbot de Chiron, en est la principale victime, avec une rupture de joint de culasse.

Compte tenu des abandons, nous retrouvons 28 voitures dans la finale. La grille de départ, est bien évidemment faite en fonction des classements des manches qualificatives. Prince Bira occupe la pole position, avec Ascari à ses côtés, Reg Parnell (Maserati) complète la première ligne. Farina et Villoresi sont en 2ᵉ ligne. Levegh avec le 18ᵉ temps part au milieu du paquet Près de lui, la Talbot jaune de l'écurie Belge de Johnny Claes, partage sa ligne.

Devant 100 000 spectateurs, la finale est endeuillée par l'accident mortel de Saint John Horsfall. Membre du MI 5 (service secret britannique) pendant la guerre, « Jock » pour les intimes, s'est reconverti dans l'immobilier par la suite. Au 7e tour, son ERA type B, rentre dans une botte de paille à la hauteur de Stowe corner. La voiture déséquilibrée, se retourne, tuant le pilote sur le coup. La course, vaut par le mano à mano entre Ascari et Farina. Alberto l'emporte avec moins de 2" sur Nino. Villoresi, complète le succès italien en terminant 3e à 36". Claes et Levegh, qui ont fait l'épreuve de concert, sont 12e et 13e à 3 tours.

Monza, retrouve enfin son autodrome reconstruit, pour le G.P d'Italie et d'Europe du 11 septembre. Fangio a rejoint son pays, laissant seul Benedicto Campos, défendre les couleurs de la Squadra Argentina. Les 504 km de la course, sont le meilleur atout des Talbot Lago. Aux essais, les Ferrari avec Ascari en pole et Villoresi en 2e temps se montrent supérieures aux Maserati. Farina réalise le 3e temps, devant la Ferrari de Sommer. Philippe Etancelin avec la Talbot à moteur 49 double allumage est 9e, Rosier 11e, Levegh 14e, devant Claes 16e et Mairesse 19e sur les 24 voitures participantes.

Pendant la course Ascari se débarrasse rapidement de ses principaux adversaires, Farina au 17e tour sur rupture moteur, Villoresi avec un problème de levier de vitesses au 27e tour. Sommer, lui multiplie les arrêts pour des problèmes d'allumage. Après le premier tiers de course, seule la Maserati de Campos, représente encore une menace pour l'italien. La menace disparaît au 56e passage, quand l'argentin coule une bielle. Levegh a rendu les armes au 34e tour, sur rupture de son pont arrière. Alberto « le magnifique », laisse « Phiphi » Etancelin brillant second à un tour. Prince Bira termine 3e à 3 tours, devant de Graffenried à 4 tours, pendant que Sommer traîne sa Ferrari à la 5e place à 5 tours.

Grand classique de la vitesse depuis sa première organisation en 1930, le G.P de Tchécoslovaquie renaît pour une unique édition le 25 septembre 1949. Le Circuit routier de Masaryk de 17 km800 près de Brno, permet d'accueillir pour cette année, le record de 400 000 spectateurs.

Il est dommage, que la plupart des vedettes italiennes, à l'exception de Farina boude la course. Sur les 26 voitures engagées, 9 sont conduites par des pilotes locaux, pas aguerris à la formule 1. Le pire se produit aux essais, où Vaclav Uhler, perd la vie sur une ancienne Maserati. Ces compatriotes sont tous en fond de grille, Bruno Sojka sur une Tatra est le mieux placé avec le 18ᵉ temps. Trois Maserati occupent la première ligne, avec dans l'ordre, Farina, Prince Bira et de Graffenried. Levegh, 14ᵉ sur la grille, a le moins bon temps des Talbot derrière Etancelin 4ᵉ, Rosier 10ᵉ et Claes 12ᵉ.

Sur ce parcours tortueux, les accidents et sorties de route sont nombreux. Les premiers à en faire les frais, dès le 2ᵉ tour, sont Farina et Parnell. Prince Bira est aux commandes. Il bat le record du tour, puis en pleine bagarre avec de Graffenried, il sort de la piste et rentre dans la foule. Les sauveteurs, soignent 19 blessés plus ou moins graves. La lutte pour la première place, se résume alors, à une passe d'armes entre de Graffenried, la Ferrari de Whitehead et la Talbot d'Etancelin. Le suisse « Toulo » de Graffenried, voit son moteur rendre l'âme, laissant l'anglais et le français, s'expliquer pour la victoire. Peter Whitehead l'emporte avec 35" d'avance sur Philippe Etancelin. La Ferrari de Franco Cortese, finit 3ᵉ, à 4'49" et Levegh 4ᵉ à 1 tour. Pierre, compte tenu de sa position sur la grille, réalise sa meilleure course de l'année, en devançant entre autres Claes 6ᵉ, et Rosier 8ᵉ.

L'année se termine avec le traditionnel, G.P du Salon le 9 octobre à Montlhéry. Une course pratiquement franco-française, sur les 19 voitures, en considérant qu'Harry Schell, est plus français qu'américain, « l'oncle Sam », n'est représenté que par la Véritas BMW d'Alexandre Todd et la « perfide Albion », par la Ferrari de Whitehead et l'Alta de Gordon Watson. On ne dénombre pas moins de 9 Talbot de tous types, au milieu des 7 T 26C, une monoplace 150C, se retrouve aux mains de Charles Huc, et une monoplace décalée pour Harry Schell. Jugeant, les primes de départ insuffisantes, l'écurie Gordini s'est abstenue.

Pour la première fois depuis le début de la saison, Levegh avec le 3e temps des essais, se retrouve en première ligne, aux côtés de la Talbot de Georges Grignard, meilleur temps et de celle d'Yves Giraud Cabentous. La course, malheureusement pour Pierre, s'achève avant d'avoir commencé. Il s'accroche au départ avec Yves, avant que Whitehead ne vienne les percuter, éliminant au passage les 3 voitures. Raymond Sommer impeccable, impose sa Talbot avec le record du tour, devançant Schell de 2' 10'' et la Talbot de Meyrat 3e de 4 tours.

Les feux de l'actualité, sont désormais braqués sur la création du championnat du monde de Formule 1. Le coup d'envoi, est prévu en Angleterre, au mois de mai à Silverstone. Les trois pays, les plus concernés la France, l'Italie et la Grande Bretagne décident d,

' une épreuve préparatoire en avant-première. Curieusement, ils choisissent presque la même date, les 10 et 16 avril 1950. En conséquence, chacun se prépare plus ou moins dans son coin.

Alfa Roméo fait son retour avec ses Alfetta 158 au G.P de San Remo le 16, face aux Maserati. Au Richmond, Trophy de Goodwood le 10, les ERA et HWM se livrent contre les Maserati de Parnell et de de Graffenried. A Pau le 10, les Talbot et les Simca Gordini, vont en découdre avec les Ferrari d'usine. La Scudéria est la seule écurie à doubler les épreuves italienne et française. Fangio pilote officiel pour la saison chez Alfa Roméo, participe à Pau, avec une Maserati de la Scuderia Achille Varzi.

Les Talbot, avec deux victoires majeures en 1949 aux G.P de Belgique et de France, pourront elles résister aux Alfa Roméo ? Fiabilité et sobriété avec 35 litres aux 100 km, contre rapidité et gourmandise avec une consommation de 80 à 90 litres, qui aura le dernier mot ? La réponse ne va pas tarder à venir ? Sans apporter de réponse définitive, entre moteur atmosphérique et moteur suralimenté, Ferrari ne va pas tarder à ne pas mettre ses œufs dans le même panier, en développant deux voitures.

Pau, représente, le premier banc d'essai de Ferrari. Deux 125 classiques à compresseur sont alignées pour Villoresi et Sommer ainsi qu'une 166 atmosphérique F2 expérimentale plus basse, à Pont de Dion pour Ascari. Les Maserati de l'équipe Argentine, sont pilotées par Fangio et José Froilan Gonzalès. La bande des 3 mousquetaires de l'Equipe Gordini, se compose d'André Simon, Louis Manzon et Maurice Trintignant. Puis nous retrouvons les Talbot d'Etancelin, Pozzi, Rosier et Levegh. Chiron, a orienté son choix sur une Maserati 4CLT.

La pole est âprement disputée entre Fangio et Villoresi. L'argentin fait 3/10 de mieux que l'italien, Sommer complète la première ligne. La meilleure Talbot celle de Rosier à le 5e temps, devant Levegh 8e chrono. Etancelin et Pozzi sont en dernière ligne avec 13 voitures au départ.

Les premiers tours de course sont animés par Fangio, Villoresi et Sommer. Les 3 champions sont à tour de rôle leader de l'épreuve. Au 15e tour Fangio, déborde Sommer et prend un petit avantage. Déjà le pont arrière d'Ascari a rendu l'âme. Gonzales, alors 4e, renonce au 25e tour, sur rupture de son différentiel, Rosier prend sa place.

Au 40e tour Fangio à 30'' d'avance sur Villoresi, 35'' sur Sommer et 1'24'' sur Rosier, qui peut boucler les 110 tours sans ravitailler. Villoresi est le premier à faire le plein au 47e passage dans l'excellent temps de 33''. Puis c'est au tour de Sommer au 50e, qui repart 48'' plus tard. Enfin Fangio, laisse 55'' à son stand, mais conserve la tête avec 10'' d'avance sur Villoresi. Chiron et Etancelin disparaissent au même moment au 56e tour, sur cassure de pont arrière et de transmission.

Fangio n'est plus inquiété, il l'emporte devant Villoresi à 30''. Sur la fin Rosier prend la 3e place à 1'02'', devant Sommer 4e, en prise avec un problème d'embrayage. Levegh fait une course anodine, qui lui donne la 6e place à 6 tours, derrière la Simca Gordini de Manzon.

Place au Championnat, le vrai…

Chapitre 6

NAISSANCE DU CHAMPIONNAT DU MONDE DE F1

La première épreuve du nouveau championnat du monde, se dispute le 13 mai 1950 à Silverstone. La CSI, inclut 7 manches pour cette première année dont les 500 miles d'Indianapolis. Bien que les voitures américaines, soient sensiblement différentes des F1, l'idée est de créer un rapprochement sportif entre l'Europe et l'Amérique. La mayonnaise ne va jamais prendre, les pilotes US ne participant pas aux épreuves européennes et vice-versa.

Le présent, se place sous le signe des « 3F ». Farina, Fangio et Faglioli, pilotes d'Alfa Corse, écrasent la saison, au point de remporter toutes les victoires et de se partager la majorité des podiums. Pour ce Grand Prix d'Angleterre et d'Europe, Levegh s'abstient, sa Talbot est en réparation après avoir cassé son moteur au G.P de Paris le 30 avril. Reg Parnell, pour l'occasion prend le volant d'une Alfetta, et partage la première ligne avec ses coéquipiers du jour. La quiétude des Alfa, n'est troublée que par la sortie de route de Fangio alors 2ᵉ, à 8 tours de la fin, causée par une flaque d'huile. La Talbot de Giraud Cabentous, finit 4e à 2 tours.

La saison se poursuit à Monaco le 21 mai et à Berne le 4 juin. Fangio l'emporte en principauté, pendant que Farina réplique en Suisse. Levegh fait son entrée dans le championnat, le 18 juin à Spa. Pour ce G.P de Belgique, Ferrari fait évoluer son modèle à moteur atmosphérique, vu à Pau, par un moteur intermédiaire de 3,3 litres, pour Alberto Ascari. À ses côtés, Villoresi est au volant d'une 125F classique à compresseur. Les 7 Talbot Lago engagées, représentent la moitié du plateau. Celles de Rosier, Etancelin et Giraud Cabentous sont équipées du double allumage.

L'un des camions transporteurs des Talbot, tombe en panne dans le nord de la France. Claes, ne peut participer aux essais, il est tout de même accepté au départ de la course, en fond de grille. Les 3 Alfetta de Farina, Fangio et Faglioli occupent la première ligne dans cet ordre. Maserati, écœurée par la domination de la marque milanaise, n'est présente que par l'intermédiaire de la 4CL privée de Toni Branca. Raymond Sommer, toujours à l'aise dans les Ardennes, glisse sa Talbot simple allumage en 2e ligne, dans le même temps que la Ferrari de Villoresi. Celle de Levegh figure en 4e ligne avec le 10e temps.

Fangio, prend la tête dans le premier des 28 tours devant Farina. Sommer parvient à se glisser en 3e position, mais il est bientôt débordé par les voitures à compresseurs, plus puissantes. Le français, compte sur le double ravitaillement des Alfetta, alors que sa Talbot peut boucler la distance sans s'arrêter. Les premiers ravitaillements s'effectuent entre le 11e et le 13e tour. Raymond prend brièvement la direction de la course, puis cède sous la pression des Alfa, mais garde néanmoins ses chances, avant que son moteur ne lâche au 20e tour.

A partir de cet instant, c'est un cavalier seul des Tipo 158, sauf pour Farina retardé par une transmission défaillante. Rosier, malgré des problèmes de boîtes de vitesses, réussit à le devancer pour la 3e place. Fangio l'emporte avec 14" d'avance sur Faglioli. Ascari avec la nouvelle Ferrari, n'a jamais pu se mêler aux meilleurs et finit 5e à un tour. Levegh doit se contenter de la 7e place à 2 tours.

2 semaines plus tard, le 2 juillet, tout le monde se retrouve à Reims, pour le G.P de l'A.C.F. L'Automobile Club de Champagne voit grand, en proposant deux autres courses d'encadrement. Une pour les Racers, sorte de formule 3 avant la lettre et une pour les « Petites Cylindrées », dans laquelle Ferrari donne la priorité. La Scuderia, sait très bien que pour l'instant, personne ne peut barrer la supériorité des Alfetta, de ce fait seul Peter Whitehead s'engage avec une 125F privée. Nous retrouvons les 7 Talbot du G.P de Belgique, avec 7 Maserati 4CLT des écuries Argentina, Ambrosiana, et Milano.

Ferrari a fait le bon choix, Ascari s'impose facilement dans la « course des voiturettes » en laissant la Simca Gordini d'André Simon à 1 tour et le HWM du jeune Stirling Moss 3e, également à un tour.

Pour le G.P de F1, les Alfetta monopolisent la première ligne avec un avantage de près de 2'' de Fangio, sur Farina. Les Talbot d'Etancelin et de Giraud Cabantous partent en 2e ligne. Levegh, avec son modèle simple allumage, s'en sort plutôt bien prenant le 9e temps, des 18 concurrents.

La chaleur, rend la course particulièrement éprouvante pour les hommes, mais aussi surtout pour les mécaniques. Les abandons se succèdent, la Maserati de Gonzales, ouvre la liste sur un problème de soupapes au 4e tour, suit Sommer au 5e, avec le radiateur de sa Talbot porté à ébullition. Rosier est dans le même cas au 10e tour, pour les Maserati de Rolt, Parnell et la Talbot de Chiron, ce sont les pistons qui passent au travers aux 7e passage. Enfin au 12e tour, le radiateur de Claes est transformé en théière, pendant que la Maserati de Bonetto, devient muette sur un problème moteur au 15e passage.

Nous atteignons le quart de la course avec un effectif réduit de moitié. Farina en 2e position derrière Fangio jusqu'au 17e tour, s'arrête pour régler un problème d'alimentation puis repart très attardé. Etancelin prend la 3e place mais doit s'arrêter, des projections d'huile bouillante lui brûlent les jambes. Eugène Chaboud, reprend le volant de sa Talbot et s'élance en 5e position.

C'est l'heure des premiers ravitaillements Faglioli s'arrête au 21e tour, puis Fangio au 22e. Après le 25e tour, le point est le suivant Fangio 1er avec 3" sur Faglioli, Whitehead et Farina se battent pour la 3e place avec près de 2 tours de retard. En position de premier Français, la Simca Gordini de Manzon 5e devant Levegh 6e à 3 tours.

Pierre, bien plus efficace qu'en Belgique, voit ses efforts ruinés par un ressort de soupape défectueux, au 38e passage. Farina tombe en panne sur le circuit à 8 tours de la fin, mais est néanmoins classé 7e. Fangio l'emporte en battant encore une fois le record du tour, Faglioli finit 2e à 25", Whitehead et Manzon sont 3e et 4e à 3 tours.

Avant le dernier Grand Prix qui doit déterminer du titre, le calendrier estival est meublé par un certain nombre d'épreuves hors championnat. Le G.P de Bari du 9 juillet en fait partie. 15 voitures y participent, dont deux Alfetta pour Farina et Fangio. La Scuderia Ferrari continue de mixer voitures suralimentées pour Dorino Serafini, et formule 2 atmosphériques pour Ascari et Villoresi. Trois Talbot sont pilotées, par Grignard, Levegh et le belge Claes. John Heath engage trois HWM Alta de F2 pour Moss, Macklin et le suisse Fischer. Enfin deux Maserati de la Scuderia Milano, et de la Scuderia Platé, sont aux mains de Biondetti et de Prince Bira.

La course est une nouvelle fois sous la coupe des Alfetta. Fangio est le meilleur. Il boucle le tour le plus rapide du circuit urbain de Lungomane long de 5,340 km à 131,221 km/h de moyenne. L'argentin, laisse finalement la victoire à son coéquipier Farina, qui évolue devant son public, dans le dernier tour. Les Ferrari déçoivent, les nouveaux ponts de Dion ne tiennent pas le coup. Ascari s'arrête le premier, reprend le volant de la voiture de Villoresi pour abandonner au 39e des 60 tours. L'intérêt de l'épreuve, se joue pour les places d'honneurs. Stirling Moss prend la 3e place devant un bon Levegh 4e. La Ferrari, de Franco Cortese finit 5e, les trois pilotes terminent à 2 tours, des Alfa des leaders.

Le G.P d'Albi du 16 juillet s'annonce plus intéressant, d'autant que les Alfa sont forfait et Fangio bien présent, sur une Maserati de la Scuderia Achille Varzi.

Il est épaulé par son compatriote Froilan Gonzales, et par l'italien Nello Pagani. Ferrari, continue le développement de son moteur atmosphérique en confiant une 125 3,2 litres à Villoresi. Ascari se voit attribuer une classique 125 à compresseur. Les Maserati de la Scuderia Plate sont partantes avec Prince Bira et de Graffenried. Côté français, deux Simca Gordini sont alignées pour Manzon et Trintignant, au milieu de la légion des 6 Talbot, dont une aux couleurs de la Belgique pour Claes.

Aux essais Fangio, laisse Gonzales à 2", Sommer avec le 3e temps est à plus de 3". Levegh se situe en milieu de grille avec le 11e temps des 16 voitures au départ. Deux manches de 17 tours sont prévues avec un classement par addition des temps.

Le circuit des platanes long de 8 km900, beigne sous le soleil. Avec ou sans Alfa, Fangio se montre toujours aussi efficace. Il prend d'entrée la tête, bat le record du tour dès le 2e passage à 168,051 km/h de moyenne. Etancelin rentre au stand la tête en sang. Une pierre projetée par un autre véhicule, l'a touché au visage. Nous sommes encore à une époque où la quasi-totalité des coureurs courent sans casque avec un simple serre tête. « Phiphi » est reconnaissable entre tous, il se distingue avec sa casquette fétiche, qu'il porte à l'envers. Toujours est -il que la blessure le pousse à l'abandon.

Devant Villoresi réplique au 3e passage en faisant passer le record du tour à 169,032. Ce rush, n'est qu'un feu de paille, l'allumage de sa Ferrari lui joue des tours. Fangio passe en 3'06"7 (171,631 km/h), la victoire se profile quand sa Maserati victime d'une fuite d'huile sur l'échappement s'enflamme à moins de 100m du but. Sommer, réussit à passer avant la ligne, tout en glissant sur l'huile répandue, pour venir heurter des bottes de paille et un photographe. La direction de sa Talbot, s'en trouve faussée. Ironie du sort, Sommer vainqueur et Fangio 2e à 5/10, ne peuvent pas repartir pour la 2e manche. Du coup, Rosier 3e à 27"6 et Gonzales 4e à 1'14"6 font figures de favoris pour le classement final. Levegh 7e à 1 tour va avoir du mal à jouer le podium

Etancelin, a pu se faire soigner, il est autorisé à participer à la 2ᵉ manche. Si le pilote est valide, le moteur de la Talbot « se blesse » avec un ressort de soupape cassé. Comme prévu la lutte se circonscrit entre Rosier et Gonzales. Le « toro de la pampa », remporte la manche, mais le Français termine à moins de 20''avec sa Talbot, ce qui lui laisse 27'' d'avance au classement général. Farina termine 3ᵉ de la manche. Non classé dans la première course, il doit laisser cette place au classement à Trintignant, pour un souffle devant Levegh 4ᵉ.

Pierre, fait ensuite un break pour le G.P des Pays Bas du 23juillet et Pour le G.P des Nations à Genève le 30 juillet. A Zandvoort, en l'absence des Alfetta, après l'abandon des favoris Fangio et Sommer, Louis Rosier impose sa Talbot. Le retour d'Alfa Roméo en Suisse, ne laisse pas de place au doute, les Alfa 158 font le triplé avec une victoire de Fangio.

La station balnéaire de Pescara en ce week-end du 15 août, n'est pas seulement bercée par les vagues de l'Adriatique, mais par 16 moteurs « rugissants ». Le circuit de Pescara a pratiquement la dimension d'un triangle équilatéral de 25,800 km. Le côté Ouest et le côté Est en bord de mer, se résument à deux longues lignes droites. Le côté sud, beaucoup plus tortueux dans les montagnes des Abruzzes, est extrêmement dangereux.

Fangio, en fait les frais pendant les essais au village de Chapelles. Son Alfetta, heurte une paroi rocheuse, provoquant une rupture de canalisation d'essence. L'argentin est indemne et sa voiture va pouvoir être réparée pour la course. Il a eu le temps de réaliser la pole, laissant son partenaire Faglioli 2ᵉ à 20''. Rosier sur la première Talbot est 3ᵉ à 48''. Les Talbot avec 5 T26C sont à parité avec les Maserati. Une seule Ferrari aux mains de Clemente Biondetti participe équipée… d'un moteur Jaguar. Levegh, qui découvre le circuit part en milieu de grille avec le 7ᵉ temps.

Encore une fois, la chance des Talbot, résulte dans leur sobriété pour les 413 km à boucler. Les éliminations sont nombreuses pendant la course. Toutefois, parmi les meilleures, seules les Talbot d'Henri Louveau et de Georges Grignard accidentées au 2ᵉ tour sont éliminées.

Fangio, se montre le plus lucide entre vitesse et ravitaillement pour l'emporter en 3h02'51''. Louis Rosier tout en gestion finit 2e à 18''. Course payante, car il devance l'Alfetta de Faglioli 3e à 24''. Les Talbot d'Etancelin et de Levegh, régulière et fiable sont 4e et 5e.

Avant la dernière épreuve, qui doit déterminer du titre de champion du monde, il reste une épreuve, l'International Trophy à Silverstone le 26 août. Compte tenu de la proximité de l'échéance Alfa Corse, se déplace avec deux Alfa 158 pour Fangio et Fangio. Ferrari s'aligne en catimini avec deux 125C « verte » pour Whitehead, et Ascari. Cette dernière engagée par Tony Vandervell représente un laboratoire en vue de la fabrication des futures « Vanwall ». La Scuderia Ambrosiana arrive en force avec 3 Maserati 4CLT pour les pilotes britanniques Parnell, Hampshire et Murray. Louis Chiron est également au volant d'une Maserati, mais engagé par l'usine. Côté Talbot en dehors de la « jaune » pour Claes, il y a les « bleus de France » pour Etancelin et Levegh. Enfin les anglais complètent le plateau par trois ERA type B et trois HWM Alta. Raymond Sommer n'a pas choisi le plus facile, en s'engageant au volant d'une BRM P15 équipée d'un moteur V16 à compresseur. La grosse anglaise, va voir sa transmission lâcher au départ, après des essais catastrophiques.

2 manches qualificatives de 15 tours sont prévues, suivi d'une finale sur 35 tours. Tous les arrivants sont qualifiés pour la finale. En conséquence les concurrents sont partagés, entre le fait de ménager la mécanique ou d'aller chercher une place, en vue d'une meilleure position sur la grille. Les Alfetta n'ont pas besoin de forcer leurs talents. Dans la première épreuve Farina l'emporte devant Parnell à 29'' et Whitehead à 31''. Etancelin 5e à Etancelin à 56'' et Levegh 6e à 1 tour ont assuré l'essentiel.

Seul éliminé de marque, Tony Rolt, sur un problème de boîte de la Delage de l'écurie Rob Walker. La casse est plus importante dans la seconde manche. Outre que Sommer, Claes et la Maserati de Brooke sont accidentés, Ascari part en tête à queue, sans pouvoir repartir.

Dans cette course moins relevée Fangio, l'emporte à sa main en mettant 5' de plus que Farina. Derrière nous retrouvons les ERA de Brian Shawe Taylor 2e et de Bob Gérard 3e. La 3e ERA de Stirling Moss, ferme la marche en 9e position.

La pluie s'invite dans la finale, rendant le pilotage particulièrement délicat. Philippe Etancelin, ne dépasse pas le 2e tour, suite à un problème de pont arrière. Pour Reg Parnell c'est un problème moteur qui le stoppe au 9e tour. Sur la piste glissante, les ERA sont plus dociles que les Talbot. Bob Gérard se bat pour la 3e place mais il sort de la route à 3 tours de la fin. Farina l'emporte avec 10'' d'avance sur Fangio, ce dernier a joué la prudence. La Ferrari de Whitehead arrache sur la ligne la 3e place du surprenant Cuthbert Harrison (ERA). La Talbot de Giraud Cabantous finit 7e à un tour, celle de Levegh 11e à 3 tours.

Plus de 100 000 spectateurs, se pressent sur l'autodrome de Monza, pour assister au dénouement, du premier championnat du Monde de F1. Seule certitude, la couronne sera coiffée par un pilote Alfa Roméo. Fangio compte 3 victoires et mène avec 26 pts. Favori des bookmakers, il est suivi par Faglioli, 4 fois second avec 24 pts. Une victoire lui est nécessaire, le règlement précisant que seul 4 courses sur les 7 du calendrier, sont prises en compte. Enfin, Farina 3e avec 22pts et deux victoires, devant son public, a les faveurs des tifosi.

Alfa Corse, joue sur le nombre à ses trois pilotes titulaires, s'ajoutent le « pilote d'essais » Consalvo Sanesi et Piero Taruffi. Côté nouveauté, la Tipo 159 est dévoilée au public. Evolution du modèle 158, équipée d'un pont de Dion, la puissance moteur passe à 425cv, contre 350 dans la version précédente. La capacité du réservoir avec 350 litres de carburant embarqué, permet de réduire les passages aux stands, pour une consommation annoncée, de près de 150 litres aux 100 km ! La prise de poids à vide ne varie guère, 710kg contre 700 à la Tipo 158. Nino Farina, se voit confier l'unique exemplaire actuellement disponible, est-ce un avantage décisif ?

La Scuderia Ferrari, prépare sa réponse, sous forme d'un modèle 375 V12 atmosphérique de 375 chevaux. Même si son poids de 850kg est conséquent, le réservoir de 195 litres permet d'effectuer un seul arrêt au lieu de deux. Villoresi, sérieusement blessé au G.P de Suisse, se voit remplacé par Dorino Serafini pour épauler Alberto Ascari. Peter Whitehead, est au volant de son habituelle 125 privée.

Les autres marques font parties des parents pauvres. Aucune nouveauté pour les 7 Maserati, des écuries Ambrosiani, Milano et Platé, pas plus que pour les 6 Talbot Lago privées. L'ERA d'Harrison, les Gordini d'usine de Manzon et Trintignant, complètent un plateau de 27 voitures.

La largeur de la piste, permet d'aligner les véhicules à quatre de front sur la grille. Fangio s'empare de la pôle avec difficulté. Ascari et sa nouvelle monture ne sont qu'à 2/10 de seconde. Ils sont les seuls à descendre sous les 2' au tour. Farina et Sanesi complètent la première ligne, derrière nous retrouvons, Faglioli, Serafini et Taruffi 8e temps, la Talbot de Sommer, boucle la 2e ligne. C'est un exploit même s'il tourne pratiquement 3'' moins vite que Taruffi. Rosier réussit le 13e temps Etancelin le 16e et Levegh avec son moteur simple allumage le 20e.

80 tours sont à couvrir pour 504 km. Farina réussit le mieux son départ, pour occuper le commandement. Fangio et Sanesi sont juste derrière, devant Ascari 4e. La Maserati de Paul Pietsch, reste plantée sur sa ligne, moteur cassé. Ascari prend la 2e place au premier passage. Sanesi se retire au 12e passage moteur cassé. La situation reste inchangée, jusqu'au 14e tour où Ascari prend la tête. Pour la première fois depuis la fin de la guerre, les Alfetta trouvent un adversaire à leur taille. Deux tours plus tard, Farina retrouve sa place de leader. Puis la course bascule. Dans un premier temps au 22e tour avec l'abandon d'Ascari sur bris de soupapes, suivi à la 24e boucle de celui de Fangio, pour problèmes de boîte de vitesses. Le jeu des ravitaillements, permettent aux deux pilotes de rester en course. Ascari prend le relais de Serafini pendant que Fangio succède à Taruffi.

Après 30 tours Farina est toujours leader, mais Fangio 2e peut encore espérer le titre. Serafini qui n'a pas encore ravitaillé passe en 3e position. Levegh vient de renoncer avec un problème de boîte. Profitant des abandons, les Talbot de Sommer et Etancelin sont en 5e et 6e position. Au 35e tour, c'est définitivement fini pour Fangio son moteur à lâché. Sommer profite de la 4e place jusqu'au 49e tour, avant de renoncer toujours sur problème de boîte. Nino Farina n'est plus inquiété pour la victoire et le titre, il l'emporte devant le duo Serafini Ascari à 1'19'' et Faglioli 3e à 1'53''. 4e et 5e les Talbot de Rosier et Etancelin « sont dans les points », mais à 5 tours du vainqueur !

Le 10 septembre, lors du G.P de Cadours de formule 2, Raymond Sommer, mène lorsque sa Cooper JAP part en tonneaux. Ejecté « le sanglier des Ardennes » se tue sur le coup. Moins de deux ans, après le décès de Jean Pierre Wimille, la France a perdu ses deux meilleurs champions automobiles.

L'avenir s'assombrit pour Talbot. La victoire de Rosier père et fils aux 24 heures du Mans 1950 sur la T 26GS (châssis 110 055), n'a pas donné la bouffée d'oxygène attendue. La situation financière de la marque de Suresnes, se dégrade au cours de l'hiver 1950-51 et au mois de février Anthony Lago dépose le bilan.

Les quatre formule 1 T 26C DA (DA pour double allumage) de l'usine sont mises en vente. Louis Rosier achète la 110 053, Johnny Claes revend sa T 26C (110 011) à Duncan Hamilton pour se porter acquéreur de la 110 054. La 110 051 devient propriété de Georges Grignard et la 110 052 de Philippe Etancelin.

Pendant ce temps Pierre Levegh se pose des questions. Avec l'écrasante domination des Alfetta, rejointes récemment par les nouvelles Ferrari 375, les Talbot Lago ont-elles encore un avenir en formule 1 ? Ne doit-il pas réorienter sa carrière en Formule Sport ? la réponse ne va pas tarder à venir en 1951…

Chapitre 7

DU CHAMPIONNAT DE F1 AUX 24H DU MANS

En attendant d'apporter une réponse définitive, Pierre décide de varier les plaisirs, en s'engageant au Rallye de Monte Carlo. L'épreuve, dont c'est la 21e édition, se dispute du 23 au 28 janvier 1951. Il s'adjoint Henri Marmonier comme co-pilote, pour conduire son coach Talbot Record personnel. Le départ s'effectue de Paris, après un bref passage en Normandie direction Reims, avant de faire étape à Bourges. Puis c'est la descente sur Le Puy, Valence, Gap, Digne et Grasse. La dernière spéciale, s'effectue naturellement sur le circuit de Monaco.

Jean Trévoux avec Roger Crovetto, sur une Delahaye 175S, remporte pour la 4e fois l'épreuve. Le Comte portugais de Monte Réal sur Ford V8 termine 2e, pendant que Levegh, positionne la Talbot à une très bonne 12e place.

Après réflexion, Pierre se remémore, que les 24 heures du Mans reste l'épreuve qui lui a fait aimer la compétition. Un retour s'impose, tout le reste, ne peut venir qu'en préparation de l'épreuve sarthoise. Il faut se mettre en quête de la bonne monture, afin d'éviter de faire de la figuration comme en F 1.

La meilleure piste semble la Talbot T26 GS. Etroitement dérivée de la monoplace et transformée en biplace, le châssis d'empattement identique de 2m50, où le moteur est simplement décentré de 5 cm sur la gauche. Les roues, sont uniquement recouvertes d'ailes « type moto ». L'éclairage, est assuré par l'alimentation d'une dynamo. Le réservoir d'essence en tôle de duralumin, derrière le siège conducteur se veut d'apparence plus plat que sur la monoplace. Dernière modification visuelle, les ailettes de refroidissement du radiateur d'huile, sont entièrement apparentes devant le tableau de bord.

Le hic, c'est que les 4 modèles fabriqués sont déjà retenus. Le 110 055 tenant du titre, reste la propriété de Rosier, le 110 056 engagé par Henri Louveau est destiné à Gonzalès et Marimon, le 110 057 acheté par Pierre Meyrat, partage son volant avec Guy Mairesse, enfin le 110 058 d'Eugène Chaboud, prend pour partenaire Eugène Vincent. Pour la circonstance Anthony Lago propose de louer à Pierre une des deux monoplaces décalées reconverties. Le modèle a beau dater de 1938, le « rafraichissement » de l'an dernier lui a permis de se hausser à la seconde place des 24 heures avec Mairesse et Meyrat.

Après 3 ans passés à Montlhéry, le G.P de Paris retrouve les allées du bois de Boulogne pour sa 5ᵉ édition le 20 mai. Pierre, engage sa Talbot T26C, toujours équipée, d'un simple allumage, uniquement en vue de parfaire, sa préparation pour les 24 heures du Mans.

Il fait totalement l'impasse sur le début de saison, des 6 épreuves hors championnat de mars à début mai. Les Ferrari 375 s'imposent à Syracuse et Pau avec Villoresi. Ascari remporte le G.P de San Remo. La Ferrari Thinwall de l'écurie Vandervell pilotée par Parnell profite des ennuis des Alfetta de Fangio et Farina vainqueurs des manches initiales, pour gagner la finale de l'International Trophy. Enfin la Talbot de Louis Rosier, s'adjuge un G.P de Bordeaux dévalorisé, par l'absence d'Alfa et couru avec des Ferrari de second plan.

Pour en revenir au G.P de Paris sur les 15 voitures participantes aux essais, cinq sont sous les couleurs de l'équipe Gordini. Trois des moteurs Simca 1490cc, sont équipés de compresseurs pour André Simon, Manzon et Fangio en personne. Les deux autres sont aux mains d'Aldo Gordini et de Trintignant. Il y a 6 Talbot privées dont une pour Froilan Gonzales et naturellement celle de Levegh. La scuderia Milano est représentée par la Maserati de Farina et la scuderia Platé par celles de de Graffenried et de Schell. Aux essais, de Grafferied se montre le plus convaincant, devant Farina et la Talbot d'Etancelin. Levegh ne fait que le 11e temps.

Schell doit déclarer forfait pour la course, néanmoins il prend le relais de de Graffenried au ravitaillement. La course, tourne au désastre pour les Simca Gordini, éliminées les unes après les autres, pour des problèmes de soupapes ou d'embrayage. Farina boucle les 125 tours en 2h53'12", seul Froilan Gonzales le menace jusqu'au bout pour finir 2e à 39". Rosier termine 3e à un tour, et Levegh dans une course anonyme 6e à 6 tours.

Le championnat du Monde de F1 s'ouvre la semaine suivante avec le G.P de Suisse à Bremgarten. Levegh, n'a pas de regret de ne pas faire le déplacement. Il ne fait pas un temps à mettre une monoplace dehors. Outre la pluie, le froid, persiste aux essais comme pendant la course, pour tout le week-end. Fangio ne fait pas dans le détail, pole position, record du tour, et victoire finale. Taruffi sur Ferrari prend la 2e place à 55" et le champion sortant Farina 3e à 1'19". La meilleure Talbot, celle de Rosier confirme un déclin prévisible en finissant 9e à 3 tours.

Les 500 miles d'Indianapolis du 30 mai, 2e épreuve du championnat, n'a bien entendu aucune influence, sur son classement final. La 3e épreuve, le G.P de Belgique du 17 juin voit la rentrée de Levegh. 16 coureurs sont inscrits représentant simplement 4 marques. Trois Alfetta 159 d'usine pour Fangio, Farina et Sanesi s'opposent à quatre Ferrari 375 pour Ascari, Villoresi et Taruffi. « La verte » de l'écurie Vandervell, pour Parnell, complète les trois de l'usine. Il n'y a que deux Maserati pour Prince Bira et Froilan Gonzales.

Tout ça pour dire que les Talbot n'ont jamais été aussi nombreuses avec 7 modèles T26C dont trois à double allumage pour Rosier, Etancelin et Claes. Johnny, est naturellement en Talbot « jaune » comme son compatriote André Pilette.

Après le forfait des Maserati les essais, sont réduits à 13 voitures. Fangio réussit la pôle en 4'25", laissant son coéquipier Farina à 3" et Villoresi à 5". Les Talbot occupent les 7 dernières places de grille, Rosier « le moins mauvais » est à 20", Levegh occupe la dernière place à 52" !

36 tours de 14,120 km sont à couvrir. Contrairement à la Suisse 15 jours plus tôt, un soleil chaud, brille sur les Ardennes. Avec 508 km à parcourir les Alfa doivent s'arrêter 2 fois, les Ferrari une fois et les Talbot, peuvent parcourir la distance d'une traite. Néanmoins sauf miracle, la marque de Suresnes, n'a aucune chance.

Fangio patine au départ et se fait griller la politesse par Villoresi, Farina et Ascari dans cet ordre. Les voitures de tête sont à plus de 300 km/h dans la descente de Masta. Au premier tour, Sanesi 5e pointe déjà à 15" le « train bleu » des Talbot est encore plus loin. La transmission d'Etancelin a déjà lâché Farina passe en tête au 3e tour, Villoresi décline en se faisant doubler d'abord par Ascari au 4e tour puis par Fangio au 5e. L'argentin joue son va-tout, il prend la 2e place après la 6e boucle et revient à 7" du leader au 10e passage. Taruffi abandonne juste avant sur rupture du pont arrière et Villoresi doit s'arrêter pour colmater une fuite d'huile. Vient le moment des ravitaillements pour les Alfa. Sanesi, s'arrête en premier et fait changer ses deux roues arrière. Précaution inutile le radiateur est porté à ébullition, il doit abandonner. Puis c'est au tour de Farina et Fangio avec le même balai des changements de roues. Sauf que Fangio, s'en trouve retardé de plusieurs minutes, avec un moyeu récalcitrant. L'argentin repart avec 4 tours de retard, laissant la victoire à Farina devant Ascari à 2'51". Villoresi finit 3e à 4'22", devant les deux Talbot de Rosier et Giraud Cabantous 4e et 5e à 2 tours. Pierre Levegh termine 8e à 4 tours… juste devant Fangio !

Qu'importe, place désormais aux 24 heures du Mans. La presse spécialisée, pour cette 3e édition d'après-guerre, ne désigne pas formellement un favori. Ferrari, vainqueur en 1949, n'est pas officiellement représentée. Néanmoins les quatre modèles 340 America 4,1 litres, dont deux de l'écurie Chinetti avec leurs 240cv, appuyées par trois 212 Export 2,6 litres, présentent quelques garanties. Aux 5 Talbot 4,5 litres 190cv évoquées au début de ce chapitre, se rajoute le spider SS de Chambas. Le nombre est en faveur de la marque française, néanmoins le côté exotique des marques américaines fait couler beaucoup d'encre. Elles sont équipées d'un puissant V8 Chrysler de 5,4 litres livrant 250cv, pour les 2 Allard J2 et surtout les 3 nouvelles Cunningham C2R. Son constructeur Briggs Cunningham, a vécu une première expérience l'an dernier, avec un coupé Cadillac « de Ville » de série et un autre transformé en spider, surnommé le monstre !

Curieusement les « anglaises » sont présentées en outsiders. Certes les 5 Aston Martin DB 2 de 2,6 litres de 140cv manquent un peu de puissance, mais les 3 Jaguar type C 3,4 litres de 200 cv, préparées par Harry Weslake, méritent un peu plus de considération. La type C bâtie sur la base de la XK 120 sport qui fait la renommée de la marque, effectue ses premiers tours de roue. Le châssis, est habillé d'une caisse élégante, particulièrement aérodynamique.

Le succès de l'épreuve sarthoise, ne désemplit pas. 60 voitures prennent part aux essais, accompagnées de huit modèles en réserve. L'équipage vedette se compose de Rosier associé à Fangio. Levegh, s'est adjoint un jeune pilote issu du rallye René Marchand.

Il fait un temps de Toussaint avec crachin et froid, en ce samedi 23 juin au moment du départ. Les 60 pilotes, la plupart engoncés dans des imperméables, attendent impatiemment que l'horloge se fixe sur 16 heures. Puis ils sprintent maladroitement, pour traverser la piste, le temps de se projeter dans leurs baquets. A ce petit jeu, Stirling Moss sur la Jaguar N°22 n'a pas d'égal.

Les deux Allard la N°1 du « patron Sydney » et la N°2 de Peter Reece démarrent en premier. La Talbot de Gonzales et Mairesse sont juste derrière, suivit par la Cunningham N°4 de John Fitch. Moss qui a été surpris, ne tarde pas à rétablir l'équilibre en prenant le commandement dans les Hunaudières. Il est en tête au premier passage devant Fitch. Déjà sur la piste glissante, les premières figures de style se produisent. La Ferrari N°31 pilotée par Charles Moran fait un tête à queue à la sortie du Tertre Rouge,

Plus grave dès le 5ᵉ tour, à 16h40, la Ferrari N°30 de Jean Larivière, sort de la piste également au Tertre Rouge. La voiture en perdition franchit une clôture. Au passage, le pilote la gorge tranchée par du fil de fer barbelé, décède sur place.

Après une heure de course, Moss qui joue les lièvres, cherche à épuiser les Talbot. Froilan Gonzales, s'accroche difficilement. Les 2 autres type C sont en embuscade. La N°23 de Clemente Biondetti 3ᵉ devant la N°20 de Peter Walker. Chaboud, Talbot N° 8, navigue devant la N°6 de Fangio. Levegh joue la prudence, il pointe 11ᵉ derrière la première Cunnigham de Fitch.

Puis vient l'heure des premiers ravitaillements. Chiron, embarqué dans la Ferrari N°16, fait une faute de débutant. Après avoir négligé, la signalisation de son stand, il s'arrête réservoir vide. Le plein est effectué en dehors du nombre de tours autorisés, et les commissaires disqualifient la 340 América qui occupait la 8ᵉ place.

À 19 heures, Marimon qui a relayé Gonzales, roule en 4ᵉ position. Les types C sont installés aux trois premières places. Le duo Fangio-Rosier passe 5ᵉ, Chaboud-Vincent ont renoncé, radiateur crevé. La première Ferrari 340 America pilotée par Hall-Navone pointe 6ᵉ, devant la Cunningham de Fitch-Walters et les Talbot de Mairesse-Meyrat et de Levegh-Marchand 9ᵉ. Dans l'heure qui suit, nous ne dénombrons pas moins de 6 abandons, parmi les leaders la type C de Biondetti-Johnson alors en 3ᵉ position, sur un problème de pompe à huile.

Il n'y a plus que deux Jaguar en course, mais elles sont solidement attachées au commandement, et dominent les Talbot en vitesse pure. Il faut tout le talent d'un Fangio pour tirer tout le parti de sa machine et s'installer en troisième position devant Gonzales-Marimon. Le ciel déjà sombre et brumeux, se plonge désormais dans les ténèbres de la nuit. La situation, reste figée jusqu'à minuit. À trop pousser la machine, Fangio a fait chauffer le moteur, le radiateur est touché. Louis Rosier, lui-même se transforme en mécano pour colmater les brèches. Rien n'y fait la Talbot N° 6 reste clouée au stand. Peu après la Cunningham N°3, pilotée par « le patron », finit sa course dans les fascines.

Le vrai coup de théâtre se produit vers 0h30. À trop vouloir se sacrifier, le joint de culasse de la Jaguar de Moss-Fairman ne tient plus, dans un mélange d'huile et d'eau, la course s'arrête là pour les leaders. 1h00 du matin le classement est le suivant : La Jaguar N°20 de Walker-Whitehead mène devant la Talbot de Gonzales-Marimon qui fait le forcing à près de deux tours. Suit en 3e position la Ferrari de Hall-Navone, devant la Cunnigham de Fitch-Walters et l'Aston-Martin DB2 de Macklin-Thompson 5e, qui tourne comme une horloge. Les autres Talbot de Mairesse-Meyrat et Levegh-Marchand sont 8 et 9e.

La pluie redouble et les « figures continuent ». Au virage d'Arnage, Charles Moran sur la Ferrari 31, dérape et sort de la piste. Simultanément et au même endroit Georges Rand, sur la Cunningham N°5 fait un tête à queue pour finir sa course dans le fossé. Seule la Ferrari repart.

À mi-course, les positions restent stables. Néanmoins Walters-Fitch, réussissent à prendre l'avantage pour la 3e place sur Hall-Navone. Peu de temps après, la Ferrari abandonne à son stand, lors d'un ravitaillement en panne de batterie. Avant 5 heures du matin, la Jaguar de tête écarte la menace Gonzales-Marimon. Comme pour Fangio-Rosier, le radiateur de la Talbot est crevé. La Cunningham restant en course se retrouve 2e, l'Aston DB2 N°26 devient 3e et la Nash-Healey N°19 de Rolt-Hamilton, qui ne cesse de progresser depuis le début s'empare de la 4e place. La première Talbot de Mairesse-Meyrat, figure en 5e position et celle Levegh-Marchand 7e.

Chacun s'évertue à garder sa position. Peu après 8 heures du matin, Mairesse-Meyrat, s'enhardissent pour aller chercher la 4ᵉ place. Deux heures plus tard, ils ont un pied sur le podium. Dernier rebondissement peu avant midi, quand la Cunningham multiplie les arrêts au stand. La voiture parvient à repartir, mais ne sera pas classée … pour dernier tour trop lent.

30 concurrents finissent la course sur les 60 au départ. La Jaguar de Walker-Whitehead l'emporte à sa main, elle couvre 3611,190 km à la moyenne de 150,46 km/h de moyenne, nouveau record. 2ᵉ la Talbot de Mairesse-Meyrat à 9 tours, devant l'Aston DB2 de Macklin-Thompson à 10 tours. Ànoter son incroyable régularité, la voiture n'a pas passé plus de 10 minutes dans les stands en 24 heures. Sur la vieille Talbot, au prix d'un superbe final dans les dernières heures Levegh-Marchand prennent la 4ᵉ place à 11 tours, devant l'Aston DB2 d'Abecassis-Shaw Taylor 5ᵉ à 12 tours.

Après cette 4ᵉ place encourageante, Pierre décide de finir la saison de F1 tout en faisant l'impasse sur certaines épreuves. Ainsi il ne participe pas au G.P de l'ACF, sacré Grand Prix d'Europe, le 1ᵉʳ juillet à Reims. La plaine champenoise, baigne sous le soleil et la chaleur, avec des conséquences pour les mécaniques. Fangio, réalise le meilleur temps des essais devant Farina et Ascari. Il l'emporte mais après avoir repris la machine de Faglioli au 24ᵉ tour, son Alfetta ayant des ennuis d'allumage. Ascari fait de même pour la 2ᵉ place avec la Ferrari de Gonzales, Alberto ayant cassé sa boîte de vitesses au 10ᵉ tour.

Levegh, fait sa rentrée au G.P des Pays Bas le 22 juillet. La course est taillée sur mesure pour les 7 Talbot présentes. Seule, la Maserati de la Scudéria Milano, pilotée par Farina, semble en mesure de les priver d'un succès. Les trois HWM Alta F2 et l'unique Ferrari, bâtardisées d'un moteur 2,6 litres de l'écurie Espadon, pour le suisse Rudolf Fisher, semblent un peu tendres pour rivaliser. Farina s'empare de la pôle, devant les Talbot double allumage de Chiron et Pilette. Levegh avec son moteur simple allumage doit se contenter du 9ᵉ temps.

Pierre, est le premier à renoncer avec un problème de soupapes au 37e tour. Puis ce sont les freins de Chiron qui lâchent, avant qu'une canalisation d'huile ne mette fin à Farina leader jusqu'au 46e tour. Nous venons de passer la mi-course, la Talbot de Rosier n'est plus inquiétée, et l'emporte devant Philippe Etancelin, et la HWM de Stirling Moss 3e avec un tour de retard.

Le Nurburgring, accueille la 6e manche du championnat de F1 le 29 juillet. Le circuit emprunte la boucle nord, longue de 22 km800, à travers le massif du Eiffel. Pour ne pas frustrer le spectateur, 24 voitures sont retenues. Après le forfait des Maserati de Prince Bira et de David Murray, 22 machines finalement participent aux essais. Depuis le G.P d'Angleterre du 14 juillet, les Alfetta ont perdu leur supériorité sur les Ferrari. Ce jour-là, Gonzales a pris la mesure de Fangio 2e.

Les essais de ce G.P d'Allemagne, confirme la tendance. Sur la première ligne, Ascari et Gonzales, réalisent les meilleurs temps, devant Fangio et Farina. Les Talbot se fondent dans l'anonymat. La meilleure de Giraud Cabentous, n'est que 11e précédée de 34'', par la Simca Gordini de Manzon 9e. Levegh avec le 19e temps à 1'46'' de la pole, précède les Talbot d'Hamilton, Etancelin et Swaters.

Farina se montre le plus vif au départ, mais Fangio prend les commandes dans la courbe sud. Au premier passage, l'argentin précède Ascari de 3'', Gonzalès et Farina. Détaché, Paul Pietsch sur la 4e Alfetta mène la chasse. Pas pour longtemps, dans le 2e tour, il fait une sortie de route au Carrousel, Taruffi est désormais 5e. Fangio, grignote 4'' supplémentaires sur Ascari. Les positions restent inchangées jusqu'au 6e tour où Fangio effectue son premier ravitaillement. Il repart en 3e position à un dizaine de secondes d'Alberto. Farina abandonne peu après son ravitaillement au 8e tour, boîte de vitesses cassée. André Simon (Simca Gordini) 6e est le premier français. Au 10e tour, à la mi-course, Gonzales mène avec 52'' d'avance sur Ascari et 1'1'' sur Fangio, mais José Froilan, doit s'arrêter pour faire le plein.

Du coup Fangio bat le record du tour, passe Ascari pour reprendre les commandes au 12e passage. Le moteur de Simon casse, il laisse la 6e place à Giraud Cabentous. Après 14 tours, Fangio s'arrête pour son 2e ravitaillement. Il repart 3e, sans pouvoir contre attaquer avec une boîte récalcitrante. Ascari peut assurer pour l'emporter. Fangio reprend la 2e place à 30'', à la Ferrari bien malade de Gonzales, 3e à 4'39''. Manzon 6e après la sortie de route de Giraud Cabentous, cède la position à Fisher dans le dernier tour. Rosier, sur la première Talbot, finit 8e à un tour devant Levegh 9e à 2 tours.

Retrouver le circuit des planques, pour le G.P de l'Albigeois, est toujours un plaisir. Les spécialistes, s'attendent à une explication franco-française. Ils vont avoir mieux, avec une prise de pouvoir des Simca Gordini sur les Talbot Lago. L'adversité, se limite aux deux Ferrari pour Landi et Comotti, ainsi qu'à deux HWM Alta, pour Hamilton et Macklin. Des 4 machines de l'équipe Gordini, seul le moteur 1491cc de Jean Behra, n'est pas équipé d'un compresseur. Des 7 Talbot, dont deux de l'écurie belge pour Claes et Laurent, les moteurs double allumages, sont naturellement mieux positionnées. Ainsi Rosier à le 2e temps à 7/10 de la Gordini de Trintignant et Etancelin avec le 4e temps derrière André Simon. Levegh doit se contenter du 9e temps.

Maurice Trintignant, alias « Pétoulet », plante le décor. Pôle, meilleur tour en course et victoire finale, avec 2'26''sur Rosier. Le triomphe de la firme du boulevard Victor, aurait pu être total, si le pont arrière de la machine d'André Simon, n'avait pas cédé à 2 tours de la fin. Le parisien est néanmoins classé 4e derrière Chiron et devant Johnny Claes. Levegh n'a pas eu le loisir de se mêler à la lutte, un piston a cédé dès le 5e tour.

Loisir à l'italienne pour le week-end du 15 août, les coureurs se retrouvent dans les Abruzzes à Pescara. Les Alfetta, sont encore absentes, préférant se consacrer aux épreuves du championnat. Le parcours a été modifié cette année, avec la mise en place de deux chicanes, pour casser la vitesse des longues lignes droites.

Ascari, améliore néanmoins la pôle de Fangio établit l'an dernier de 7''. Son coéquipier Villoresi s'installe en 2e position à 5''6 devant la Talbot de Chiron. Pierre, 7e temps se comporte bien en devançant les Talbot de Giraud Cabentous et Mairesse.

Avec 15 voitures seulement pour 12 tours de 25 km800, les spectateurs, n'en n'ont pas forcement pour leur argent. Ascari, boucle à peine un ½ tour, quand il voit sa pression d'huile baisser. Villoresi lui succède aux commandes, jusqu'au changement de pneus à la fin du 3e tour. Ascari, reprend la Ferrari de son coéquipier, quant à la mi-course, il est victime d'une rupture de transmission. Levegh se retire au même moment, alors qu'un podium était du domaine du possible. Froilan Gonzales sur la dernière Ferrari d'usine, remporte la victoire avec 7'21'' sur Louis Rosier. Etancelin finit 3e devant Chiron 4e.

Le G.P de Bari du 2 septembre, deux semaines avant un G.P d'Italie qui peut s'avérer décisif pour le titre, mobilise l'ensemble des forces. Le circuit de la foire du Levant est tracé sur 5 km550, 20 voitures sont présentes dont les Alfetta de Fangio, meilleur temps des essais et Farina 4e temps. Les Ferrari d'Ascari, Gonzales et Villoresi, réalisent respectivement, les 2e, 3e et la 5e chrono. La Talbot de Chiron part en 3e ligne avec le 6e temps, Rosier est 8e et Levegh 13e.

Fangio se dégage d'entrée et mène jusqu'au 21e tour, pour son premier ravitaillement. Villoresi prend le relais, avant de renoncer sur une rupture de canalisation d'huile à sa 32e boucle. Les abandons sont nombreux Farina et Simon au 8e tour sur rupture de piston, ou Ascari après un début d'incendie au 18e tour. Les deux Simca Gordini restant en course, sont aussi condamnées, avec un problème moteur pour Trintignant et de lubrifiant pour Manzon. Fangio boucle la 2e partie de la course sans être inquiété. Gonzales prend la 2e place à 1'12''7, alors que Taruffi avec une petite Ferrari 2,5 litres, déborde Rosier sur la fin pour la 3e place. Levegh, après une décevante 7e position à 7 tours, met un point final à sa carrière en formule 1.

De son côté Fangio, se retrouve dans une position particulièrement délicate, après son abandon au G.P d'Italie à Monza. Ascari son rival direct, remporte la course devant Froilan Gonzales. Alberto avec 25pts, revient à 2 points de Juan Manuel et Froilan avec 21pts, peut avoir son mot à dire. Malheur au vaincu, le 20 octobre pour le G.P d'Espagne, dernier acte de la saison.

Le circuit de Pedralbes, long de 6,316km, se situe dans la banlieue ouest de Barcelone. Le duel aux essais, tourne à l'avantage d'Ascari qui laisse Fangio 2e à 1''68 et Gonzales 3e à 3''42. Les 300 000 spectateurs qui se pressent par un temps chaud et ensoleillé, vont finalement assister à une « course… à la gomme » !

Pour ménager le train arrière de ses voitures et avoir une meilleure motricité, Ferrari choisit de monter des jantes de 16 pouces, au lieu des 17 pouces habituelles. Le pari s'avère catastrophique, les pneus s'usant prématurément. Prévue non-stop, la course d'Ascari tourne au cauchemar. Fangio serein, peut faire ses deux arrêts aux 29e et 53e tour, sans être menacé. Longtemps 2e, Farina s'incline sur la fin devant Gonzales, pendant qu'Ascari finit 4e à 2 tours. Avec cette victoire Fangio remporte le premier de ses 5 titres de Champion du Monde.

Pierre Levegh, décide pour l'année 1952 de se consacrer uniquement à la catégorie sport. À cet effet, il fait l'acquisition, d'une Talbot T26 GS 4,5 litres (châssis 110 056). La base est saine, mais il faut encore l'améliorer…

Chapitre 8

LA GRANDE ILLUSION

Le point faible de la Talbot T 26 GS réside dans son aérodynamisme. La biplace élaborée sur la base de la formule 1, pêche par une absence de véritable carrosserie enveloppante. Des 4 châssis de 1950-51, deux autres supplémentaires sont en construction pour 1952. L'ensemble des modèles sont proposés à des carrossiers pour être habillés en barquette.

Louis Rosier confit la sienne à Deusch et Dupuis (châssis 110 055) et Pierre Levegh (110 056) à Dugarreau. Cette dernière tout en aluminium, de conception particulièrement élégante et réussie, présente incontestablement l'avantage d'une meilleure pénétration dans l'air.

Pierre s'est engagé dans la prestigieuse course des Mille Miglia le 4 mai, mais les travaux sur sa Talbot ne sont pas terminés, il doit y renoncer. La voiture relookée, fait finalement ses débuts pour les 12 heures de Casablanca, sur le circuit d'Ain Diab le 26 mai.

Curieusement Levegh a décidé de faire la course sans équipier, a-t-il déjà avec une idée derrière la tête ? Les essais se présentent bien, Maurice Trintignant partage le volant de la Talbot de Rosier et réalise le meilleur temps des essais, pendant que Pierre est 3e. Les Talbot dominent, mais aussi bien l'équipage Trintignant/Rozier que Levegh seul au volant, sont contraints de renoncer rapidement dans la course. La Talbot « sœur » carrossée par Dugarreau, pilotée par Charles Pozzi et Lucien Vincent s'impose au final.

Prochain rendez-vous à Monaco les 1ers et 2 juin. Exceptionnellement, le Grand Prix fait place cette année aux voitures de sport de 2 litres et plus, en remplacement des traditionnelles formule 1. 25 voitures sont présentes aux essais, 18 vont se qualifier pour la course. Les plus représentatives sont les Jaguar type C du prodige anglais Stirling Moss et de son dauphin Peter Collins sur Aston Martin DB3S, qui épaule le doyen Reg Parnell. La scuderia Ferrari est absente, mais représentée par l'écurie Marzotto avec les 225S du « patron » Vittorio Marzotto et surtout d'Eugénio Castellotti, le grand espoir italien.

Côté français André Simon fait le déplacement avec sa 225S personnelle. Gordini présente une T15S confiée à Robert Manzon et Talbot Lago aligne les T 26 GS privées recarrossées pour Louis Rozier, Pierre Levegh (N°68) et de Pierre Meyrat.

À la surprise générale, Pierre Levegh s'offre « la pole » aux essais sur le tourniquet monégasque. Peu avantagé par le circuit la grosse Talbot boucle les 3,145 km en 2'00"2 dans le même temps que Stirling Moss.

La chaleur est accablante au moment du départ. 100 tours sont à boucler, Levegh se montre le plus prompt au baisser du drapeau, les 200 cv de la Talbot rugissent dans la montée de Sainte Dévote. La démonstration est de courte durée l'arbre à cames lâche au 5e tour. Le tournant de la course se produit au 22e tour. L'Aston de Reg Parnell prend feu, de l'huile sur la piste rend le contrôle des voitures des autres concurrents particulièrement délicat. Robert Manzon, qui a pris la tête sur l'agile Gordini est debout sur les freins pour l'éviter, le français s'encastre dans la voiture du britannique, Hume sur Allard fait de même. Stirling Moss qui talonne Manzon, est pris dans le carambolage.

Si les dégâts ne sont que matériel, la course est décapitée. Marzotto l'emporte devant son coéquipier Castellotti, le meilleur français Jean Lucas termine 4e, également sur Ferrari 225S.

Les hors d'œuvres engloutis, il faut passer au plat de résistance. Les 24 heures du mans des 14 et 15 juin, sont devancés le mardi et mercredi précédents du traditionnel « pesage » où chaque véhicule est contrôlé pour vérifier qu'il rentre bien en conformité avec les règlements en vigueur. C'est aussi l'occasion, de faire le point sur les différentes forces en présence. 57 concurrents, représentant 20 marques, sont pressentis.

Les américains ont traversé l'Atlantique en force, avec 2 Allard nouvellement carrossées dans un style « tank » et 3 Cunningham C4 R allégées dont un coupé au look impressionnant. Le tout est propulsé par un Chrysler V8 de 5,4 litres de cylindrée. Jaguar reste naturellement le favori, avec ses 3 type C de 3,5 l vainqueurs l'année précédente, mais complètement revisités, surbaissés et habillés d'une carrosserie plus enveloppante à queue longue. Côté britannique, les outsiders ne manquent pas. Aston Martin aligne 5 véhicules 3 DB 3 d'usine propulsés par un 2,6 l dont 1 spider équipé d'un hard-top, et 2 DB 2 privés. Toujours côté anglais, Donald Healey présente 2 Nash-Healey de 4,1 l, un peu pataude, mais toujours robuste.

L'événement de l'année, consiste au grand retour de Mercedes, avec trois 300SL à « aile papillon » pas encore commercialisées grand public, mais qui ne vont pas tarder à rentrer dans la légende. Ferrari peut jouer sur le nombre avec pas moins de 7 machines de tous types si une seule 225S d'usine est présente, l'importateur américain Luigi Chinetti fournit le gros des troupes avec 3 modèles 340 América spider et coupé. L'écurie Rosier offre un coupé et un spider du même type.

La France peut-elle renouer avec le succès ? Favori dans le cœur du public français, Amédée Gordini, « le sorcier », abandonne Simca pour voler de ses propres ailes, et joue sur tous les tableaux. Une ancienne T11 MM de 1,1 l, une TS15 de 1,5 l, et une autre de 2,2 l sont mises à disposition pour son équipage vedette Berha-Manzon. Talbot semble présenter un peu plus de garantie Certes Anthony Lago a renoncé depuis plusieurs années à présenter des voitures pour son compte, mais les

« privés » peuvent compter sur le soutien de l'usine. Pierre Levegh préfère la jouer solo, en s'entourant de sa petite équipe personnelle composée d'amis, avec pour co-pilote René Marchand soudé par sa participation de l'année précédente. Toutes les Talbot sont naturellement propulsées par le moteur 4,5 l préparé à Suresnes par l'usine. « L'habillage » change en fonction des « couturiers » de la collection du début d'année. Les « Dugarreau » de Pozzi/Chaboud N° 65 (chassis 110 058) et de Levegh/Marchand (110 056) N°8 sont pratiquement identiques, avec leur large calandre, Pierre, va faire changer le petit pare-brise bulle des essais, par un « saute-vent » pour la course. La 9 de Meyrat est d'une laideur sans nom, enfin la 6 (110 105) de Chambas et Morel carrossée par « Tunesi » dans la Vienne, diffère particulièrement avec son moteur équipé de deux compresseurs Roots et de deux carburateurs Zénith.

Si les ambitions des français demeurent « raisonnables » au classement à la distance, « les petites cylindrées bleues » sont au top pour briguer les classes annexes. Renault, dispose de six 4CV 1063, dont une est confiée à Jean Rédelé père des futures Alpine. Toutefois les faveurs penchent plutôt pour Panhard dont les 3 Monopole, vainqueurs de l'indice de performance en 1951, appuyées s par 2 Deutch Bonnet, sont aussi en lice pour la coupe Biennale.

Les essais des jeudi et vendredi, montrent que la lutte sera indécise avec 4 marques différentes aux 4 premières places. André Simon installe sa Ferrari 340 América en pole devant la Jaguar de Stirling Moss, l'américain Phil Walters prouve que la Cunningham C4 RK coupé est plus rapide que les spiders de son équipe en étant 3e. Derrière la surprenante Gordini de Jean Behra avec 140 chevaux rend de 40 à 60 chevaux à ses rivales finit 4e devant la 2e Jaguar de Rolt/Hamilton et la Ferrari que Maurice Trintignant partage avec Louis Rozier. Pierre Levegh prend une satisfaisante 7e place, première Talbot, mais surtout devance les 3 Mercedes plutôt décevantes.

La marque allemande, dirigée par l'incontournable et imposant Alfred Neubauer a testé un original appendice de freinage aérodynamique réglable destiné à soulager les tambours classiques, sur la Numéro 22 de Kling/Klenk. Si la solution donne satisfaction, la perte de vitesse dans les

Hunaudières, fait que la solution n'est finalement pas retenue pour la course. Le maillon faible de Mercedes réside plus dans la pauvreté des équipages que la firme a voulu 100% germanique La qualité des voitures particulièrement modernes avec un moteur 6 cylindres en ligne de 3 litres développant 175 cv, doté de 3 carburateurs Solex inversés, est un gage de sécurité.

Pour en revenir aux pilotes aucun ne connaît « les 24 heures ». Les plus jeunes Théo Helfrich, Fritz Riess 20ans chacun et Hans Klenk 23ans sont associés aux plus anciens Helmut Niedermayer 27ans, Hermann Lang 43ans et Karl Kling 42ans. Ces deux derniers « font partie des meubles » Hermann est une vieille gloire d'avant-guerre, ayant remporté 2 Grand Prix de Formule 1 sur Mercedes. Karl lui, est rentré dans la firme de Stuttgart en 1936 comme ingénieur, avant de courir pour la marque en 1939 et de faire partie de la Luftwaffe, comme pilote pendant la 2e guerre mondiale.

200 000 spectateurs (record absolu), se pressent au rendez-vous du samedi. Dans le rituel du départ « type Le Mans », les Cunningham sont les plus promptes. Le spider de Fitch N°3 précède le coupé N°2 de Walters, alors que le patron sur la 1 a du mal à démarrer. C'est pire pour la Talbot de Chambas qui part en antépénultième position. Stirling Moss, « bon coureur à pied » est 3e sur la Jaguar 17. Les positions changent à l'entrée du Tertre Rouge. Walters, prend le commandement et Moss saute Fitch, pendant ce temps Pierre Levegh navigue aux alentours de la 10e place. Les Mercedes suivant les consignes de Neubauer, sont parties prudemment.

Les Ferrari répondent présentes. Ascari, futur champion du monde à la fin de saison, pense qu'il est parti pour un Grand Prix. Il bat rapidement, réservoir plein, le record absolu du tour en 4'40"5 à 173,159 km/h de moyenne. La 250S n'apprécie pas « le show d'Alberto » et le bouillant transalpin, se voit contraint de rejoindre son stand, avant l'heure de course.

Une bleue chasse la rouge, André Simon déjà en pôle aux essais prend la direction de la course. Après 60', le petit parisien de 32ans trop souvent sous-estimé, précède de quelques encablures Stirling Moss 2e et Phil Walters qui s'accroche à la 3e place. Jean Behra et sa Gordini n'en finissent pas d'étonner avec une 4e place, qui le mène provisoirement en tête de l'indice de performance. La 2e jaguar celle de Rolt N°18 est 5e, devant la Ferrari de Trintignant 6e et la Talbot de Levegh 7e. Les tricolores ont le vent en poupe et les Mercedes, sont dans leurs positions des essais.

La 2e heure marque le commencement de la fin des jaguars. Les moteurs chauffent anormalement. Le nouveau capot profilé, mal dessiné, avec une calandre trop étroite ventile insuffisamment la mécanique. Les techniciens de Coventry, n'ont pas eu le temps matériel, avant la course, d'identifier le problème. La 18 de Whitehead-Stewart 8e est la première à renoncer. La 17 de Rolt- Hamilton s'éternise au stand, pendant que la 16 de Moss-Walker prend une pause. Simon impeccable, garde le commandement, devant un formidable Behra (Gordini) 2e. Cependant que Trintignant (Ferrari) 3e a gagné 3 places. L'américain Walters (Cunningham) 4e, n'a pas résisté « au punch des frenchies ». Les Mercedes pointent le bout du capot, avec Kling passé de la 11e à la 5e position, devant son coéquipier Helfrich et Levegh toujours accroché à sa 7e place.

Puis vient le ballet des ravitaillements. La plupart des équipes font rentrer leurs 2e pilotes. L'homogénéité d'un équipage est capitale. Lucien Vincent « gentleman driver » ne peut en rien soulever la comparaison avec André Simon, la Ferrari bleue 14 va perdre 7 places en une heure ! Au contraire de la Gordini 34 où Robert Manzon a relayé avantageusement Jean Behra, pour s'installer au commandement. Duane Carter, sur le coupé Cunningham N°2 profite des défaillances des uns et des autres pour prendre la place de premier chasseur. Klenk sur la 300SL 22 devient 3e, devant Pierre Levegh qui a décidé de doubler son relais… au moins… et remonte 4e.

20 heures, toutes les jaguars sont désormais sous bâche. Carter a ensablé le coupé Cunningham au Tertre Rouge et va mettre un certain temps à se dégager, perdant ainsi toutes chances de bien figurer. Kling-Kenk sur la 22 sont désormais les dauphins de la Gordini, le 2e spider Cunningham N°3 de Fitch-Rice occupe une 3e place provisoire, Rozier sur la Ferrari 15 qu'il partage avec Trintignant est remonté 4e devant la 2e 300SL N°20 de d'Helfrich-Niedermayer. La Ferrari de Simon-Vincent est en chassé-croisé pour la 6e place avec la Talbot de Levegh. Ànoter que de la Cunningham, à la Talbot toutes les voitures évoluent dans le même tour.

5e heure de course, la Talbot N°8 de Levegh est passée à l'offensive et se positionne 2e dernière la Gordini. Les Mercedes « bouffent de la gomme ». Les écuries de pointes sont équipées de Dunlop, sauf Cunningham de Firestone, et Mercedes de Continental. Le patriotisme, ne tient plus en l'occurrence pour la firme de Stuttgart, il faut changer les 4 roues pratiquement à chaque relais. La 22 souffre de problèmes électriques et rétrograde en 9e position, la 20 occupe la 3e place et la 21 la 5e. André Simon qui a repris le volant de sa Ferrari, « le couteau entre les dents » regagne 2 places et figure entre les deux Mercedes.

22 heures, le premier quart de course passé, 18 véhicules manquent déjà à l'appel. Les derniers en date, sont la Ferrari N°15 de Trintignant-Rosier, en rupture d'embrayage et la Cunningham N°3, un moment 3e, sur bris de soupapes. Chez Gordini si la 34 caracole toujours en tête, on s'inquiète dans le stand, pour la dégradation rapide des freins. C'est le statu-quo pour Levegh toujours second, les Mercedes profitent des ennuis de Simon-Vincent ensablé à Mulsanne et tombé à la 17e place, pour occuper les 3e et 4e positions.

Les phares sont désormais allumés, la nuit va être longue. 23 heures c'est terminé pour le coupé Cunningham, une soupape de son moteur Chevrolet est tordue. Minuit, c'est la Mercedes 22 de Kling-Klenk, qui occupe la 10e place et reste définitivement au stand, la dynamo a rendu l'âme. Seule modification en tête de classement, la Ferrari N°12 de Lucas/Chinetti est dorénavant 5e.

Rien de notoire jusqu'à 3 heures du matin. Behra-Manzon, progressent sans frein avant depuis un moment et font des miracles, mais jusqu'à quand ? La Talbot de Levegh tourne comme une horloge, les Mercedes 20 et 21 roulent pratiquement de concert sont aux 3 et 4e place devant Lucas-Chinetti.

4 heures du matin la mi-course est atteinte. Le nouveau système de panneautage géant qui permet aux spectateurs des tribunes de suivre le déroulement de l'épreuve au tour par tour, indique la 8 (Talbot de Levegh) en position 1. Les deux Mercedes ont grimpé chacune d'une place devant la courageuse Gordini 4e. L'Aston Martin de Macklin-Collins occupe pour la première fois le top 5 devant la Ferrari de Lucas-Chinetti.

Une heure plus tard, une discussion s'engage dans le stand Gordini. Berha et Manzon souhaitent continuer, Amédée s'y oppose, c'est devenu trop dangereux, dans un combat inutile, pour une cause perdue.

L'Aube mancelle, baigne maintenant dans un épais brouillard. Levegh, qui tient le volant sans interruption depuis plus de 12 heures s'arrête pour ravitailler. Le temps passé au stand est un peu plus long, les mécanos changent les 2 roues arrières de la Talbot. Pierre, dont la fatigue est visible, en profite pour engloutir une orange, il boit quelques gorgées d'eau en avalant des cachets pour se tenir éveillé. Son épouse Denise Bouillin, qui tient à son bureau, le tour par tour et le chronométrage sans bouger depuis le début de l'épreuve, l'exhorte de passer le relais à René Marchand. Pierre fait la sourde oreille et ré-embarque dans la Talbot. Sur les images d'actualité l'énervement de Denise est bien palpable.

Chez Mercedes on fait les comptes, les deux 300SL ont deux tours de retard, il est temps de cravacher. La Allard J2X N°4 de son concepteur Sydney Allard épaulé par Jack Fairman, fait une course régulière depuis le départ est récompensée par une 5e place provisoire. La nuit et le petit matin, ont porté le nombre d'abandon à 28 soit la moitié du plateau. Chinetti-Lucas sont disqualifiés pour ravitaillement en dehors de l'intervalle de 25 à 28 tours imposé par le règlement, et la Talbot N°9 de Meyrat-Mairesse renonce pour un problème de pompe à huile.

La matinée s'écoule lentement. Dans le stand Mercedes, Neubauer veille à tout. Un chrono dans chaque mains, Alfred surveille les écarts qui séparent ses deux 300SL de la Talbot. Loin de se réduire malgré l'effort de ses pilotes, il constate que Levegh vient de rajouter un 3e tour de retard aux « flèches d'argent ». Il ne reste plus que 6 heures de course…

Arrêt de routine du Leader. Levegh les jambes endolories, a de plus en plus de mal pour s'extraire de son baquet. Il est aidé par deux personnes de son entourage. Une jeune femme, lui frotte le visage avec une serviette humide. Ses compagnons de stand, tentent encore une fois de le convaincre de donner le volant à René Marchand. Il les écoute, sans les entendre, le regard déjà fixé sur le siège de la Talbot Grand Sport. La 8 repart, comment Levegh peut-il encore la conduire ?

La foule excitée, manifeste son enthousiasme par des applaudissements et des vivats à chaque passage de la voiture bleue devant les stands. Levegh le petit, l'obscur, le sans grade, en train de tordre le coup à l'armada Mercedes, en est-il encore vraiment conscient ?

Sur ces entre-faits, la progression des autres concurrents semble dérisoire. On note l'arrêt de quelques minutes à Mulsanne de la Ferrari d'André Simon, probablement pour faire souffler la mécanique. Le français, est sorti de son véhicule et plaisante sourire aux lèvres avec les commissaires de piste. Il repart en ayant perdu 2 places, passant de la 8e à la 10e place. Briggs Cunningham, dont on se souvient du départ calamiteux, a majoritairement tenu le volant qu'il partage avec Spear de la seule C4R encore valide. Il est 7e derrière la Talbot 65 de Chaboud-Pozzi. La progression la plus étonnante, vient de la vieille Nash-Healey 4 litres de Johnson-Windsom, l'anglaise partie en 19e position après la première heure, a toujours progressé pour se fixer maintenant à la 4e place.

L'horloge tourne, ça « sent bon l'écurie pour les chevaux vapeurs ». À l'heure du café dominical r, la 8 rentre au stand pour un dernier ravitaillement. Dans le box absolument bondé règne une certaine fébrilité, chacun se presse pour voir « le Prince Pierre » bientôt couronné roi. L'ambiance tranche du côté de chez Mercedes, où la rigueur germanique empêche toute effusion. Il est vrai que chez les Français, il n'y a pas de Neubauer, pour diriger et canaliser. Comment peut-on être team manager et pilote en même temps ? Ce n'est pas maintenant que quiconque va arrêter Levegh, qui voit se réaliser le rêve de toute une vie, avec en prime un exploit pour la postérité courir 24h seul ! Sur la plateforme on distingue la silhouette de René Marchand au milieu de la foule, droit comme une potiche, il sait désormais qu'il ne prendra jamais le volant. Levegh repart, alors que son chef mécanicien, lui glisse les dernières recommandations à l'oreille.

L'avance de la Talbot est passé à 4 tours, il reste à peine 2 heures de course. Alfred Neubauer, connaît trop la compétition, pour ne pas savoir que seul un miracle peut encore renverser la tendance en sa faveur. Petite consolation la 21 toujours 2e, dédouble la 8 peu après.

Les mécaniques et les pilotes souffrent. L'Aston Martin 25 de Macklin pilotée par Collins, 5e est accidentée sans doute pour un problème de freins. La Talbot 65, « jumelle » de celle de Levegh, qui vient de récupérer la 5e place, privée de frein se retourne sur le talus au Tertre Rouge. La voiture est remise rapidement sur ses roues pour dégager le malheureux Eugène Chaboux. Le pilote, est évacué sur un brancard, avec une fracture de la jambe, c'est un moindre mal.

Il est très exactement 14h50, le speaker officiel, annonce l'arrêt de la voiture N°8 entre Arnage et Maison Blanche. Un « ho » de stupeur, s'élève de la foule, suivi d'un long silence de mort.

Il reste une heure dix de course et la Talbot avait 20 minutes d'avance…

Quelques minutes plus tard Levegh revient au stand, dans la voiture du directeur de course Charles Faroux. Ses premiers mots sont pour René Marchand venu l'accueillir en lisière de piste, il confirme une rupture moteur. Il se dirige ensuite vers son épouse qu'il sert dans ses bras. Denise est en larmes, ils s'engouffrent tous les deux sous les applaudissements par la porte à l'arrière du stand, flanqués de son chef mécanicien (photo de couverture). Effondré de fatigue et de désespoir, Levegh s'endort, enroulé dans une couverture entre deux voitures.

Neubauer abandonne ses chronos pour le panneautage. Il passe « position 2 » à la 20 puis « position 1 » à la 21. Il n'est pas au bout de ses émotions quand la 20 pilotée par Niedermayer s'arrête en roue libre dans la descente après la passerelle puis repart pour effectuer un tour au ralenti avant de regagner son stand. Plus de peur que de mal, il suffit d'un changement de roue à l'arrière gauche et la 300SL s'élance de plus belle.

Nous sommes le dimanche 15 juin à 16 heures, le drapeau à damiers salut la Mercedes 300SL N°21 de Lang et Riess qui l'emporte en ayant bouclé 3733,80 km à la moyenne de 150,466 km/h (nouveau record). La seconde 300SL N°20 d'Helfrich et Niedermayer termine de concert à 1 tour. Belle surprise pour la Nash Healey N° 10 de Leslie Johnson et Tommy Wisdom qui complète le podium à 15 tours. La Cunningham N°1 du « patron » Briggs et de son ailier Bill Spear sont 4e à 25 tours. Les premiers Français André Simon et Lucien Vincent occupent la 5e place sur la Ferrari 14 à 27 tours.

Une victoire française vient tout de même saluer cette 20e édition des 24h du Mans, avec la 1$^{ère\ place}$ à l'indice de performance et à la coupe Biennale de la petite Monopole X84 N°60 de Pierre Hémard et Eugène Dussous, 14e à la distance, propulsée par le « flat-twin » Panhard de 705cc.

Dernière distinction, Denise Bouillin Levegh se voit attribuer la Coupe des Dames à titre exceptionnel.

Chapitre 9

L'ÉNIGME DE LA BOÎTE PRE-SÉLECTIVE

Si le lendemain la presse salue majoritairement, le courage, la ténacité et la malchance de Levegh, d'autre voix s'élèvent pour dénoncer son obstination et son inconscience. Certaines rancœurs remontent à la surface. N'oublions pas, que nous sommes à peine 7 ans après la fin du conflit mondial.

La victoire possible et pronostiquée de nos « alliés Anglais » avant la course, est du domaine de l'acceptable. La « résistance française », avec d'abord la Ferrari de Simon leader pendant 2 heures, puis la prise de pouvoir de la Gordini jusqu'à mi-course, enfin la domination de la Talbot jusqu'à une heure de la fin, avec le dénouement que l'on connaît, ont du mal à passer ! Le triomphe « de l'ennemi » « du boche » qui parade à la fin, devient du domaine de l'insupportable ! Défaillance mécanique ou défaillance humaine ? Levegh doit s'expliquer !

Pierre ne se dérobe pas, mais ses explications restent floues voire contradictoires Après démontage du moteur, Anthony Lago confirme l'origine de la panne, rupture d'un boulon de contrepoids du vilebrequin, peut être lié à un surrégime ?

Q : -Pourquoi ne pas avoir passé le relais à René Marchand ?

R : -Vers 4 heures du matin, j'ai senti des vibrations anormales en provenance du moteur, j'ai préféré assurer moi-même. *(Nous étions à la mi-course, il pouvait déjà passer le relais bien avant)*.

Q : -Vous avez prévenu votre stand à un moment de la course ?

R : Non, j'ai eu peur que cela ne s'ébruite et ne vienne aux oreilles du stand Mercedes *(le mythe « de la 5ᵉ colonne » sans doute, les murs ont des oreilles, gardez le silence !)*

Levegh réenchérit : « Je voulais être maître de la voiture que j'ai engagée à mes frais. Quand je me suis retrouvé en tête, j'avais à défendre non seulement le prestige national, mais aussi la réputation de Talbot. Marchand le savait ! »

Tout ceci ne fait pas très sérieux et manque de crédibilité. Certes Levegh a engagé la voiture à ses frais, mais doit-il pour cela se comporter en despote vis-à-vis de son équipe en général et de René Marchand en particulier ? Le prestige national a bon dos, quant à la réputation de Talbot, il n'a même pas souhaité bénéficier de son assistance pour la course ! Oui, Pierre Levegh avait perdu de sa lucidité, oui la fatigue l'emportait, au point de lui faire commettre l'erreur fatale ? Je vais m'efforcer d'apporter une réponse ferme et définitive !

Pour cela, il faut remonter à l'origine du rachat de Talbot Darracq par Anthony Lago en 1934. Sa première initiative, est de rafraîchir la gamme par de nouveaux modèles T120 Baby Sport et T150. À l'époque les boîtes de vitesses classiques obligent à faire le double débrayage et la boîte synchronisée type « synchromesh », n'en est qu'à ses débuts.

Anthony Lago décide d'adopter une troisième solution à savoir équiper tous ses modèles de la boîte pré-sélective « Brevets Wilson ». Le procédé n'est pas nouveau, il date de la grande guerre, imaginé par le major de l'armée anglaise Walter G. Wilson, pour équiper des véhicules militaires en général et en particulier le fameux char « tank MK1 », qui s'est illustré dans la bataille de la somme en 1917.

En 1934, une bonne dizaine de constructeurs, la plupart britanniques l'adoptent déjà. Chez Talbot, la fabrication de la boîte se fait sous licence.

Ce changement de vitesses à engrenage épicyclodal *(nom barbare, pour expliquer, que l'engrenage part d'un point fixe d'un cercle, qui roule extérieurement sans glisser sur le cercle donné)* comprend 4 rapports et une marche arrière. La particularité du système provient de la sélection et du choix du rapport qui se fait en amont à l'aide du levier de vitesses, le changement est seulement effectif par l'action de débrayage sur la pédale en aval d'où le nom de « pré-sélective ».

Toutes les Talbot-Lago de 1934 à 1954 sont équipées de la boîte pré-sélective Talbot, brevets Wilson.

La boîte a trois avantages, un confort de conduite entraînant moins de fatigue, une robustesse presque à toutes épreuves, et la meilleure utilisation possible du frein moteur, avec une grande sécurité. Il est bien entendu que dans une épreuve comme les 24 du Mans, il s'agit d'un avantage considérable. Comme nous l'avons vu en 1952, une demi-douzaine de concurrents ont abandonné sur des problèmes de freinage, accompagnés ou pas, de sortie de route.

Ses détracteurs mettent en avant trois défauts. Un prix de revient particulièrement élevé, un poids supplémentaire non négligeable, et une pression nécessaire plus importante… sur la pédale d'embrayage !

Cette dernière critique nous ramène à l'abandon de Levegh ?

1. Avait-il encore la force d'appuyer sur la pédale ?

2. Ne s'est-il pas trompé dans la sélection de son rapport, suite à la fatigue, avant d'appuyer sur la pédale ?

La deuxième hypothèse semble la plus probable, dans le cas d'un surrégime moteur comme évoqué par Anthony Lago. Quant aux « pseudo-vibrations » évoquées par Levegh à partir de 4 heures du matin, sont-elles le fruit de l'imagination du pilote où une simple justification de son futur abandon ? Toujours est-il que nous constatons qu'entre 4 heures du matin et 14h50, heure de son arrêt définitif, la moyenne horaire de la Talbot n'a pas faibli. La mécanique tenait, sans précaution particulière !

Plus certainement, « le talon pointe » n'étant pas nécessaire sur la boîte pré-sélective de la Talbot, l'avantage de celle-ci s'est transformé…en « talon d'Achille » pour Pierre Levegh !

Bon si le français moyen n'est pas prêt d'oublier, il est temps pour Pierre de passer à autres choses. Le soleil de Sicile peut représenter un bon remède. La prestigieuse Targa Florio fête sa 100e édition le 29 juin 1952, Levegh décide de participer à l'événement.

De la plaine sarthoise à la montagne sicilienne, une différence non négligeable apparait. Les grosses cylindrées du type barquette ou spider, ne vont pas avoir la part belle, par rapport à des cylindrées plus petites et plus agiles. Deux marques se détachent pour la victoire Osca et Lancia.

Osca, née de l'imagination des frères Maserati, présente un véhicule 15 jours plus tôt au Mans sans grande réussite, abandonnant à la 19e heure, privée d'embrayage. Par contre les 2 Lancia Aurélia de Valenzo-Ippocampo 6e à la distance et vainqueur en classe 1500/2000, ainsi que celle de Bonetto-Anselmi 8e, ont démontré des qualités de vélocité et de fiabilité.

Le petit Circuit del Madonie, à la fois routier et montagneux est dessiné sur 72 km à parcourir 8 fois soit 576 km au total. Levegh n'aura pas de problème de coéquipier, puisque cette fois il n'y a qu'un seul pilote par voiture. 58 machines sont engagées, mais finalement 47 seulement prendront le départ.

Le résultat de la course est conforme au pronostic. Sur les 4 Lancia Aurélia 2 litres, 3 occupent le podium. Felice Bonetto l'emporte en 7h11'58 devant Luigi Valenzo à 2'34'' et Enrico Anselmi à 13'02. La petite Osca 1350 de Giulio Cabianco, donne du fil à retordre aux Aurélia. Au 3e passage, il boucle le meilleur tour en 51'17'4, mais doit renoncer à deux tours de la fin sur rupture du pont arrière.

Le plus cocasse se passe à l'arrivée. Bonetto tombe en panne à quelques dizaines de mètres du but. Il doit pousser les 1100 kg de son véhicule seul pour passer la banderole d'arrivée. Une poignée de supporters, l'encourage de la voix et du geste à pratiquement le toucher, sous le regard inquisiteur des officiels qui vérifient que l'italien ne bénéficie pas d'une aide extérieure. Il réussit à franchir la ligne et tombe, épuisé avant que les supporters ne le portent en triomphe *(la comédia italiana non è una leggenda !)*.

De son côté Levegh, n'a pas profité beaucoup du spectacle. Il a dû quitter la course au deuxième tour, moteur serré sur sa Talbot.

Nostalgie quand tu nous tiens ! La Formule 1 faute de voitures compétitives après le retrait des Alfa fin 1951, limitant Ferrari à un one man show, la F.I.A oriente le Championnat du Monde des Conducteurs sur la Formule 2 en 1952. Néanmoins, quelques organisateurs en manque de sensations fortes, ou pour compléter les plateaux, recyclent d'anciennes monoplaces de 4,5 litres ou de 1,5 litres à compresseur, dans des courses de « Formule Libre ».

Rendez-vous, est pris le 2 août pour le Daily Mail Trophy à Boreham. Cette petite localité de 3000 habitants, du comté de l'Essex, a récupéré un ancien aérodrome de la R.A.F en 1949 pour en faire un circuit automobile de 4828 m. Les organisateurs ont réuni 28 voitures composées à parité de formule 1 et de formule 2.

Anthony Lago, engage sous sa bannière deux T26C pour Alberto Crespo et Pierre Levegh. 3 autres T26C privées, sont au départ, pour Philippe Etancelin ainsi que celles de l'écurie Rosier confiées à Yves Giraud-Cabantous et Eugène Chaboud. Talbot a pour principal adversaire 3 Ferrari 375 pour Villoresi, Landi et …Louis Rosier, plus en confiance avec une voiture italienne, même si celle-ci est bleue !

Sans surprise, les Ferrari sont en première ligne avec la pole pour Villoresi. Plus étonnant, Froilan Gonzales, case la monstrueuse BRM V16 à compresseur à ses côtés, devant l'autre Ferrari de Fransico Landi. La meilleure Talbot, celle d'Etancelin n'a que le 7e temps.

Affronter des formules 1 voir des formules 2 n'est plus une sinécure pour les Talbot. Etancelin, limite les dégâts en terminant 4ᵉ de la course, à un tour de Luigi Villoresi, ensuite il faut remonter au 10ᵉ rang pour retrouver Crespo à 4 tours. Quant à Levegh, après avoir tenté de se maintenir en 7 ou 8ᵉ position, il a dû se résoudre à l'abandon au 41ᵉ des 67 tours.

La France a ses 24 heures du Mans, les Etats-Unis leurs 12 heures de Sebring, la Grande Bretagne est encore à la recherche d'une course d'endurance de prestige. Une tentative est faite le 16 août 1952 pour combler ce manque. C'est sur le circuit de Goodwood, près de Chischester, dans le West Sussex, que doit se dérouler l'événement. Comme beaucoup de circuits anglais, Goodwood est un ancien aérodrome militaire de la R.A.F datant de la 2ᵉ guerre mondiale, reconverti l'année 1948, en circuit automobile, sur un parcours de 3 km800.

Les organisateurs, ont choisi un format atypique pour la course disputée sur 9 heures avec un départ 15 heures pour une arrivée à minuit. Naturellement les installations, méritent une rénovation pour s'adapter à la compétition en semi-nocturne. Des projecteurs, sont mis en place pour éclairer les tribunes et les fosses, les bordures sont peintes avec des couches lumineuses.

Pour cette première édition, 42 équipages sont conviés pour 30 places disponibles sur la grille de départ. Pas de Mercedes pour jouer les troubles fêtes, et perturber la quiétude britannique, seulement deux Ferrari 225S 2 litres, aux couleurs vertes anglaise et non rouge. Heureusement, la Talbot Grand Sport de Levegh est là pour mettre un peu de bleu dans le décor et justifier le titre de l'affiche, « International Car Race ».

Pour l'épreuve Pierre, s'est adjoint son vieux complice du temps de la formule1 chez Talbot « Phiphi » Etancelin, comme co-pilote.

Les Jaguars type C après le désastre du Mans, récupèrent leur livrée originale et raflent les 3 premières places aux essais, avec pour chef de fil Stirling Moss. Derrière nous trouvons deux Allard, devant la Talbot Lago bonne 6ᵉ. La déception, vient des 3 Aston Martin DB3, que l'on retrouve de la 11e à 13e place sur la grille. Sur ce circuit « moteur » leur puissance est un peu juste, comme pour les 2 Ferrari.

Avec le départ type Le Mans, Moss confirme son talent de sprinter, pour sauter le premier dans son baquet. Rolt sur la 2e Jaguar est juste derrière, et Levegh part 6e. À la fin du premier tour Reg Parnell, a su profiter de l'aisance de son Aston sur piste humide, pour prendre le commandement. La piste séchant, les jaguars reprennent le dessus.

La course, perd une partie de son intérêt quand la Talbot, qui navigue entre la 5e et 6e place, s'arrête définitivement au 81e tour, pour bris de transmission. Néanmoins le suspense reste entier. Au 91e tour lors d'un arrêt de routine, l'Aston de Parnell s'embrase à son stand, deux meccanos sont sévèrement brûlés, John Wyer, le team manager l'est plus légèrement. Les trois hommes doivent être hospitalisés. Trop endommagée, la DB3 ne repart pas.

À mi-course les deux jaguars de Moss/Walker et de Rolt-Hamilton, sont de solides leaders. La 3e type C de Whitehead/Ian Stewart (Frère ainé de Jackie), sort de la route à Magwick et la 2e DB3 d'Abecassis-Poore renonce en panne de transmission.

Il est 21h, désormais les voitures restant en course, sont phares allumés. 30 minutes plus tard, la jaguar de Rolt-Hamilton toujours seconde, abandonne sur bris de demi-arbre. La poisse colle à la peau de la firme de Coventry, une heure plus tard la type C de Moss-Walker est immobilisée près d'une heure pour réparer une fusée de roue cassée. La Jaguar va finalement repartir pour terminer 5e à 16 tours des vainqueurs.

La Ferrari de Baird-Salvadori dès lors prend le commandement, mais perd un temps fou dans son dernier arrêt au stand pour un problème inédit. Lors d'un changement de roues, le cric « lève vite » du véhicule est bloqué sur le bitume fondu, suite au carburant incandescent et dégoulinant, déversé lors de l'incendie de l'Aston Martin.

Les vainqueurs inattendus, sont finalement Collins-Griffith sur Aston Martin DB3, ils ont couvert 1093 km en 9 heures. Les deux Ferrari 225S de Cole-Whitehead et Baird-Salvadori sont respectivement 2e et 3e à 2 et 5 tours.

Le bilan de Pierre Levegh, depuis le début de saison, est désespérément vide, 5 courses... 5 abandons ! La Coupe d'Automne pour voiture de sport disputée à Montlhéry, peut être l'occasion de le racheter.

Disputé le 21 septembre, le parcours emprunte une partie du circuit routier, ainsi que l'anneau de vitesse pour une distance de 6,283 km à couvrir 16 fois, soit très exactement 100 km534. 30 voitures sont au départ classées dans 3 catégories. Les 2 litres et plus, les moins de 2 litres et les voitures de production. Naturellement un classement est prévu par catégories, mais pas de classement « scratch ».

Pour la catégorie qui nous intéresse, les plus de 2 litres, 10 machines, plus ou moins hétéroclites font le déplacement. Les Talbot représentent la moitié du plateau, avec trois T 26 Grand Sport, dont celle de Levegh, et deux T26 C monoplace pour Georges Grignard et Guy Mairesse, les principaux adversaires de Pierre. Le reste des concurrents est composé de la Ferrari 225S de Lucien Vincent, d'une BMW 328, d'une Jaguar XK120, « d'une antique » Delahaye, et d'une DB Panhard à compresseur, pilotée par son constructeur, René Bonnet en personne.

Au départ de la course, Guy Mairesse se montre particulièrement coriace avant d'être éliminé à la suite d'un accident, sous la pluie.À partir de ce moment Levegh n'a plus qu'un adversaire Georges Grignard. Le parisien réalise le tour le plus rapide en 2' 38"2 à 142,900 km/h de moyenne. Levegh ne lâche pas l'affaire et finit par l'emporter, après avoir bouclé la distance en 44' 36" pour une moyenne de 135,44 Km/h. Grignard est 2e à 14" et Aurica sur la Delahaye 3e. Bien entendu, la Talbot de tête est la plus rapide à la distance, pour l'ensemble du plateau.

Réconforté, par cette première victoire de sa déjà longue carrière, Levegh confirme sa participation au Grand Prix de Bari, le 28 septembre. Disputé sur le circuit urbain de la capitale des Pouilles, cette épreuve créée en 1947 pour les voitures de G.P de formule 1 ou formule 2, est dédiée cette année aux voitures sport de 2 litres et plus. La distance sera de 138 km, soit 25 tours de 5,5 kilomètres.

29 voitures, sont engagées essentiellement italiennes, avec pas moins de 19 Ferrari de types 225S, 166MM, 212 export et 212 Export. La présence internationale est assurée par l'italo-brésilien Chico Landi, le gallois Tom Cole tous les 2 sur Ferrari 225S et des Français Robert Manzon, Gordini T15S, ainsi que de Pierre Levegh sur son habituelle Talbot T26 GS.

Lors des essais, Giovanni Bracco sur Ferrari, réalise la « pôle », Levegh avec le 5e temps part en 2e ligne. Pierre, réussit à garder cette position au départ, mais il va bientôt déchanter. Au milieu des italiens, c'est surtout Robert Manzon et sa Gordini qui donnent du souci aux transalpins. Au 13e tour, il fixe le record à 2'35''7 soit 128 km/heure, n'oublions pas que nous sommes sur un circuit dessiné en ville.

Levegh, a déjà mis « la flèche », pour un nouveau problème moteur. Manzon n'est pas plus heureux, il s'arrête plusieurs fois au stand et ne va prendre que la 12e place. La 2e partie du Grand Prix, se dispute à trois pour la victoire finale, entre les Ferrari 225S de Castelotti, Cole et Landi. Les protagonistes se doublent sans cesse et sur la fin, Chico Landi, fait la différence, Tom Cole prend la 2e à 20'' et Eugénio Castelloti la 3e à 21''.

Engagé pour la Coupe du Salon à Montlhéry le 5 octobre, Levegh doit déclarer forfait, la Talbot n'étant pas réparée. Pierre, termine ainsi sa saison.

Côté professionnel, la Brosserie Bouillin-Maurey, cesse sa fabrication au début de l'année 1952. Depuis la fin des hostilités, l'activité n'a jamais pu reprendre le rythme d'avant-guerre. En 1946, la société repart avec 21 ouvriers à l'usine et 27 à domicile, soit 50% de l'effectif d'avant le conflit.

La production se concentre uniquement sur la fabrication de brosses à dents, à tête, à habits et à ongles. Une machine semi-automatisée en vue d'une modernisation, commandée pour l'année 1948, est finalement annulée. Malgré un petit rebond en 1950, le chiffre d'affaire stagne, pour de nouveau décliner l'année suivante.

La société française, dans cette « période des 30 glorieuses », entre dans une période de consommation à outrance, succédant à une période de privation où le luxe d'hier, se marginalise. La brosserie fine en os, buffle, bois des îles, ébène, ivoire et écaille, passe tout simplement de mode…

Chapitre 10

L'HEURE DE LA REVANCHE A SONNE ?

1953, n'est pas une année comme une autre. Au moment où Mercedes choisit de prendre une année sabbatique, la Fédération Internationale Automobile via la Commission Sportive Internationale, crée un nouveau Championnat du Monde des marques pour les voitures de sport. Ce championnat, vient 3 ans après celui des conducteurs, réservé les deux premières années aux formule 1, puis depuis l'an dernier à la formule 2.

Pour ce championnat, 7 épreuves sont retenues, partagées sur deux continents. Les 12 heures de Sebring ouvrent la saison le 8 mars et la Panaméricaine, la clôt du 19 au 23 novembre. Entre temps, les protagonistes, se retrouvent en Italie pour les Mille Miglia, en France pour les 24 heures du Mans, en Belgique pour les 24 heures de Spa-Francorchamps, en Allemagne pour les 1000 km du Nürburgring, et en Angleterre pour le Tourist Trophy.

Bien sûr un championnat du Monde, rajoute un prestige particulier à toutes ces épreuves déjà bien ancrées dans le calendrier. Les marques engagées y voient un intérêt supplémentaire, pour la promotion de leurs modèles, par contre les pilotes indépendants sont moins concernés, sauf à y gagner … un volant d'usine.

L'intérêt résulte à faire un maximum de manches, pour gratter le plus de points, attribués aux 6 premières places du « scratch » par épreuves. À ce petit jeu, seules les firmes les plus importantes, avec des voitures de grosses cylindrées, ont les moyens de lutter à armes égales. Ainsi en l'absence de Mercedes, seules Ferrari, Jaguar et à un degré moindre Aston Martin et Cunningham, ont une chance de remporter ce premier championnat. Côté Français Gordini, n'a pas suffisamment de moyen matériel et financier, Talbot Lago ne peut compter … que sur ses clients !

Parmi les clients Talbot, Pierre Levegh, dont le seul objectif de ce championnat sont les 24 heures du Mans. En conséquence, il ne participe pas aux autres épreuves. Rien ne remplace la compétition, Pierre, doit trouver des épreuves pour garder ses marques, dans un calendrier faisant la part belle aux voitures de sport, sur le 2e semestre de l'année.

Rien ni fait, Levegh, débute sa saison directement avec les « 24 heures », les 13 et 14 juin. Sans… René Marchand pour co-pilote, mais secondé par une personnalité, Charles Pozzi, futur importateur de Ferrari en France.

Les 2 premières épreuves du championnat, ont vu la victoire de l'équipage Fitch-Walters, sur Cunningham C4R à Sebring et Marzotto/Crossara sur Ferrari 340MM aux Mille Miglia. La plupart des grandes marques ont boudé Sebring, Ferrari et Jaguar se contentant de confier leurs volants à des locaux. Quant aux Mille Miglia, la course s'apparente à un rallye, il est donc difficile d'en tirer des conclusions.

Pour le Mans, les firmes, présentent du matériel éprouvé les années précédentes. Seul Aston Martin, propose une version plus légère et sportive de sa DB3 qui devient DB3S. Cunningham, fait également un effort avec une C5R surnommée « le requin », mieux profilée, équipée d'une caisse toute alu avec d'énormes freins à tambour 17 pouces, pour épauler deux C4R dont un coupé, avec des moteurs de 310 chevaux.

Ferrari engage trois 340MM et une 375MM 300 chevaux, version sur vitaminé de sa 340 América. Gordini, comme a son habitude varie les plaisirs, avec une T15S 2,3 litres, une T15 2,5 litres et surtout une T24S profilée baptisée « Le cigare », équpées d'un moteur 3 litres.

Chez Talbot, Levegh n'est plus « dissident » et la firme de Suresnes, prépare les 3 barquettes déjà connues. Aux classiques châssis 110 056 (Levegh), 110058 (Maïresse) carrossées « Dugareau » et 110 005 (Rosier) carrossée « Deutsch Dupuis », s'ajoute le 110 105 de Chambas avec le moteur doté d'un compresseur.

La vraie nouveauté, se cache à l'intérieur des Jaguar C version 1951, dont le moteur gagne 20 chevaux pour en disposer de 270. Jaguar en collaboration avec Dunlop et Girling, vient de mettre au point un nouveau système de « freinage à disque ». Finis les tambours qui s'encrassent au bout de quelques heures, il suffit maintenant de changer les plaquettes, entre les relais, pour garder une certaine stabilité de freinage.

Les essais se déroulent sur 3 jours. Brigs Cunningham, sur la C4R N°1 tire le premier, en établissant un nouveau record du circuit à 173 km/h de moyenne. Le jeudi Tom Cole, sur le spider Ferrari 340 MM N°16 fait mieux avec 176 km/h. Un premier drame se déroule à 19h38. L'espagnol Juan Jover au volant de la Pegaso 26, perd le contrôle dans la courbe qu'enjambe la passerelle Dunlop et poursuit sa course, contre les fascines de protection. Il est évacué à l'hôpital, très sérieusement blessé. Le vendredi, à l'ultime séance d'essai, Alberto Ascari sur la 340MM N°12 fixe les aiguilles du chrono à 4'28''au tour, pour une moyenne horaire de 181 km220 !

Les bookmakers londoniens, font grimper la côte de Ferrari, avec pour premier adversaire Cunningham, et Alfa Roméo comme jackpot. Jaguar n'a plus le préjugé favorable.

Le samedi, un nouveau record de spectateurs est battu, avec près de 300 000 personnes venues assister à la course. Certains déclarent forfait à la dernière minute, Suite à l'accident de Jover, la firme espagnole décide de retirer son deuxième véhicule, le premier étant inutilisable, et laisse la place à des voitures suppléantes. La scudéria Lancia se retrouve avec une quatrième D20 2,7 litres engagée, et la Peugeot 203 C « spéciale » améliorée d'Alexis Constantin, sera aussi au départ.

Le règlement a légèrement évolué depuis l'an dernier. Une clause « Levegh » est mise en place. Désormais, un pilote ne peut conduire plus de 18 heures, ni plus de 80 tours consécutifs. Précision qui va avoir son importance, Les concurrents ont le choix entre du carburant du commerce 90 d'indice d'octane, ou « ternaire », mélange d'essence, alcool et de benzol.

À 16 heures précise, 60 voitures vrombissent. Stirling Moss Jaguar 17, fait parler encore une fois, sa vitesse de course et sa vivacité pour prendre la tête. Mais au premier tour Sydney Allard, coupe le premier la ligne de chronométrie devant la Ferrari N°12 de Villoresi et Moss 3ᵉ. Suivent dans l'ordre, « le requin » Cunnigham avec Walters au volant, la Ferrari de Tom Cole, la Jaguar de Tony Rolt et la Ferrari d'Hawthorne 7ᵉ. Les Talbot, semblent déjà à la peine, leurs fiabilités, vont-elles compenser les 30 chevaux qui leurs manquent ?

Au cours de la première heure, déjà les premiers incidents se multiplient. Allard qui a reculé de trois places, s'arrête à son stand. Les freins s sont en cause, l'abandon va suivre. Villoresi est en tête, pas pour longtemps, Moss intenable prend le relais au 4ᵉ tour. Dernière nous assistons, à un chassé-croisé entre Cole et Rolt, et les 3 Alfa Roméo, roue dans roue, sont en embuscade. La Gordini de Loyer, s'arrête à plusieurs reprises, pour des problèmes moteurs. Giraud-Cabantous, sur Nash-Healey se voit contraint d'abandonner, sur baisse de pression d'huile. Georges Abecassis Aston N°26, passe un petit moment au stand, pour faire régler la garde de la pédale d'embrayage.

Le plus fâcheux vient de la Ferrari 14 de Mike Hawthorne. Alors qu'il est à son stand pour un raccord de frein mal serré, un mécano fait un appoint de Lockheed. La manœuvre n'échappe pas à un commissaire de piste, qui en vertu de l'article 10 : « *un ravitaillement en combustible et liquide de frein doit être simultané* » disqualifie le véhicule. Les véhémences de l'état-major de Ferrari et de Farina équipier d'Hawthorne, n'y feront rien.

A 17 heures, une petite vingtaine de voitures viennent de boucler 12 tours. Moss mène toujours la danse devant Villoresi, Rolt, Cole, Les 3 Alfa de Kling, Fangio, et Sanesi. Walters sur le « requin » est 8e devant Trintignant (Gordini) 9e et premier Français. Les Talbot ont du mal à s'accrocher, Rosier N°8 est 15e et Levegh N°7, 17e.

Au 16e tour, Moss tombe au 3e rang et laisse le commandement à la Ferrari de Villoresi. La jaguar s'arrête ensuite au 19e et 22e tour, avec un problème de filtre à essence qui est changé au 2e arrêt. La conséquence est brutale, « la Jag » tombe en 21e position, à la fin de la 2e heure. Levegh n'est pas plus heureux, lui aussi multiplie les arrêts au stand pour des problèmes de carburation, la Talbot se retrouve à la 42e place, sans espoir de jouer un rôle avec les meilleurs.

Lofty England, team manager, donne le feu vert pour passer à l'attaque à la 2e jaguar N°18 de Tony Rolt. Les 2 Ferrari de Cole et Villoresi perdent la tête de course au 20e tour. Alors que chez Alfa Roméo on commence à se frotter les mains, à 17h45, Fangio abandonne, piston crevé. Même si celles de Kling et Sanesi sont toujours 4e et 5e, le doute s'installe chez les turinois. A la fin de la 2e heure, les 10 meilleurs ont bouclé 25 tours. Côté tricolore, les 2 Gordini de Trintignant et Mieres sont 8e et 9e, les Talbot de Rosier 11e et de Mairesse 14e, naviguent à un tour.

Les voitures ravitaillent, compte tenu du nouveau règlement, les directions d'écurie, n'hésitent pas à changer de pilotes, un « double relais » est souvent proposé la nuit, pour ménager des temps de repos. La poisse colle aux Talbot. Chambas sur la N°6, sort de la route auTertre Rouge, le pilote est indemne, mais la voiture hors d'usage. Puis c'est Rosier sur la N°8 qui a des problèmes de boîte de vitesses, incident qui n'arrive …jamais avec une boîte « Wilson » ! Elie Bayol, prend tout de même le relais.

Fin de la 3e heure, seuls Rolt-Hamilton et Villoresi-Ascari sont dans le même tour, 9 voitures derrières ont bouclé 37 tours, dont les 2 Gordini de Mieres/Behra 7e et Trintignant/Schell 8e.

Seul changement important au cours de la 4e heure, la remontée spectaculaire de la Gordini N°36 de Mieres-Behra qui passe successivement, Fitch/Walters (Cunningham) et Whitehead-Stewart (Jaguar) pour grimper à la 5e place du classement.

Ascari, fixe le record du tour à 181,642 km de moyenne, loin de le rapprocher de la Jaguar de tête, la Ferrari semble s'essouffler. Les deux Alfa jouent leurs va-touts et le passent. 20 heures le classement est le suivant : Rolt-Hamilton ont couvert 64 tours, Kling-Riess sont à 1 tour, devant l'autre Alfa de Sanesi-Sanesi, et la Ferrari d'Ascari-Villoresi, Walters et Fitch sur la Cunningham ont repris la 5e place à 2 tours.

Alors que l'on atteint le quart de la course, les abandons se poursuivent. Chez Lancia la 32 de Bonetto-Valenzano, sur rupture de pont, pendant que Gonzales sur la 63, se plaint des mauvaises reprises de sa D20 en virage. Chez Gordini c'est aussi la consternation, la 36 qui tournait si bien avec un Jean Behra impérial, perd 4 places et va bientôt abandonner sur rupture de transmission. Les 2 Bristol qui naviguaient au-delà de la 40e place abandonnent, pratiquement au même moment, toutes deux sur incendie. Tommy Wisdom suite à une sortie de route, se démet une épaule et souffre également de brûlures sévères,

La nuit tombe, Ascari dans la pénombre attaque et prend le commandement, les Tifosi se déchaînent. « Good Save the Queen », une heure plus tard, Tony Rolt a repris la tête. Le premier tiers du parcours est franchi, le début de nuit est calme pour tous les concurrents.

À 2 heures 20, c'est le chambardement. L'Alfa Roméo de Canesi, alors 4e s'arrête pour un problème de transmission et perd 4 places avant d'abandonner à 4 heures du matin. Dix minutes plus tard, c'est celle de Kling qui stoppe pour vérifier la transmission, mais finalement une bielle aura raison de la dernière Alfa en course.

Bilan à 4 heures du matin, nous sommes à la mi-course. Rolt-Hamilton (Jaguar) ont parcouru 152 tours, Ascari-Villoresi (Ferrari) 2e sont à deux tours, Walters-Fitch (Cunningham C5R) 3e à 3 tours, suivi des deux Jaguar de Whitehead-Stewart et de Moss-Walker 5e à 5 tours, qui ont gagné 16 places depuis leur arrêt de la 2e heure !

Chez Talbot c'est la Bérézina ! La voiture de Guy Mairesse abandonne radiateur crevé. Seule la Numéro 7 de Levegh à la faveur des abandons est remontée 10e. Pierre se plaint, que le moteur peine toujours à prendre les tours. Anthony Lago semble impuissant, en conséquence Levegh parle d'abandonner ! Charles Pozzi ne veut pas en entendre parler et reprend le volant. Oh miracle, le 4,5 litres se remet à chanter normalement. Hypothèse soulevée, sans doute un réservoir mal vidangé, contenant un mélange de carburant ternaire et d'essence, qui empêche une carburation normale !

6 heures, la luminosité perce peu au milieu d'un brouillard dense, dans les paddocks on fait le bilan de la nuit. 26 voitures sont éliminées depuis le départ, dernière en date la Frazer-Nash 40 (à moteur Bristol) de Gérard-Clarke sur rupture de suspension.

6 heures 14, c'est le drame. Le roadster bleu N°16 de Tom Cole sort de la route à Maison Blanche. Le pilote éjecté se tue sur le coup, il a fêté ses 31ans, jeudi pendant les essais.

Une heure plus tard Jaguar, se trouve débarrassé de son principal adversaire. L'embrayage de la Ferrari d'Ascari-Villoresi patine. La voiture rétrograde à la 5e place, avant d'abandonner deux heures plus tard. Désormais un boulevard s'ouvre pour la firme de Coventry. La Type C, de Moss-Walker restée en réserve assure le spectacle et fond sur la Cunningham de Walters-Fitch qui ne va garder la seconde place que quelques minutes.

Le dimanche à 10 heures. « la messe est dite » avant l'heure. Seul suspense dans le clan Gordini, « le cigare » de Trintignant-Schell pour l'instant 7e, joue l'indice de performance. Enthousiaste, le franco-américain se lâche : « Ça gaze dit Harry, il ne va pas falloir consumer la bagnole » (sic) !

11 heures, sauf incident le classement est presque définitif. Rolt-Hamilton ont bouclé 237 tours, Moss-Walker 2e et Walters-Fitch 3e sont à 3 tours. Suivent la 3e Jaguar de Whitehead-Stewart 4e à 4 tours et la seule Ferrari, encore valide des frères Gianni et Paolo Marzotto à 5 tours.

Dernières inquiétudes, pour la Peugeot-Constantin 203 à compresseur, dont le moteur ne tourne pas rond. La voiture va terminer mais ne sera pas classée, pour distance insuffisante.

Comme de tradition, les Jaguar de tête terminent de concert la 18 de Rolt-Hamilton a parcouru 304 tours soit 4088,06 km devant la 17 de Moss-Walker qui a fait une seconde partie de course époustouflante (à 4 tours). Le « requin » Cunningham (Walters-Fitch), brillant 3e à 5 tours et la Jaguar 19 de Whitehead-Stewart à 7 tours. Toutes ses voitures ont passé la barrière symbolique des 4000 km, pulvérisant le record établi l'an dernier par la Mercedes de Lang-Riess (3733, 800 km).

Côté français on fait les comptes. La Gordini de Trintignant-Schell finit 6e (3945km470) et remporte la classe des d moins de 3 litres, mais laisse échapper l'indice de performance, au profit de la Panhard-es Monopole des Frères Pierre et Robert Chancel. La 7 de Levegh-Pozzi termine 8e à 28 tours (3772,300). En un an, les Talbot ont pris un sacré coup de vieux !

Rouen-les-Essarts, y va de son organisation le 28 juin 1953, dans une course de formule libre. Le plateau proposé reste de qualité modeste. Seule la Scuderia Ferrari comme écurie officielle, aligne deux « 500 … de formule 2 » pour Farina et Hawthorne, qui vont truster la première ligne des essais avec Trintignant. Après les forfaits des Maserati, de Prince Bira et d'Ottorino Volontério, 15 monoplaces F1/F2 sont partantes.

Les Talbot T26C sont les plus nombreuses, pour Philippe Etancelin, Georges Grignard, Yves Giraud Cabantoud et Pierre Levegh. Trois Gordini, sous couvert « semi-officielle », sont à la disposition de Jean Behra, Harry Schell et Maurice Trintignant. À noter aussi la présence de Stirling Moss sur une Cooper Alta de l'écurie Rob Walker.

« Le cavalino rampante » sous la direction de Nello Ugolini en personne, ne va faire qu'une bouchée de la concurrence sur les 60 tours de 5,100 km à boucler. Dans les premiers tours, la Gordini de Trintignant fait illusion en s'accrochant aux échappements des Ferrari. Mais « Petoulet » finit par partir à la faute dans le virage du « nouveau monde ». Toujours 3e jusqu'au 32 tours, Maurice, rentre à pied au stand, la suspension de la Gordini s'est brisée. Ensuite, Philippe Etancelin à 56 ans, se montre le meilleur « des talbotistes ». Parti en 10e position, il prend la 3e place au 45e tour pour ne plus la quitter, il est à 3 tours de Farina et Hawthorne qui terminent dans cet ordre. Harry Schell finit 4e également à 3 tours et devance à 4 tours les deux Talbot de Levegh et Grignard qui finit 5e et 6e, devant la Ferrari personnelle de Rosier.

Reims « royaume de la vitesse », le circuit champenois a su au fil du temps, depuis la première course en 1925, se forger une réputation mondiale. 1953, marque un tournant dans son histoire. En complément du Grand Prix de l'Automobile Club de France, manche comptant pour le championnat du monde des conducteurs, l'Automobile Club de Champagne organise les premiers 12 heures de Reims les 4 et 5 juillet. La course a pour ambition d'être « la revanche des 24 heures du Mans ».

Le programme laisse rêveur, le samedi de 20h à 22h30, la nuit des étoiles et du champagne, avec danseurs, fantaisistes, jongleurs, et des orchestres de jazz, le tout dans les enceintes du circuit. 22h30 feu d'artifice, suivi à minuit du départ des 12h Internationales, pour une arrivée le dimanche à midi, enfin à 14h45 départ du 40e G.P de l'A.C.F.

Un certain nombre de pilotes comme Behra, Trintignant, Hawthorne ou Villoresi, se payent le luxe de doubler les deux courses. Pour les 12 heures, 3 catégories sont prévues, les voitures de plus de 2 litres au nombre de 15, les moins de 2 litres, et les petites cylindrées jusqu'à 750 cc pour un total de 45 équipages. Dans la catégorie majeure, une H.W.M, 3 Jaguar C, 4 Ferrari, 2 Gordini, 2 Cunningham, et 3 Talbot dont celle de Levegh-Meyrat sont engagées.

Considéré comme le circuit le plus rapide d'Europe, Gueux, avantage la puissance moteur, au détriment de la tenue de route. Dans ces conditions la pole position de la Ferrari de Carini-Maglioni à près de 180 km heure de moyenne n'a rien d'étonnant. Par contre les écarts, sont importants. Sur le circuit de 8 km 300, Johnson-Cunningham 2e sur C4R sont à 1''9 et Moss sur Jaguar 3e à 4''3. La surprise, vient de la Talbot de Rosier-Giraud Cabantous 4e à 6''2. En revanche, Levegh-Meyrat, avec des problèmes mécaniques, n'ont que peu tourné.

À minuit, les pilotes se précipitent pour un départ « type Le Mans », et un tour d'horloge, la DB Panhard de Moynet est récalcitrante. Conformément aux essais, Maglioni prend la direction de la course et établit un premier record du tour au troisième passage, en 2'51"6 (175,118km/h). Il maintient sa position après la 1ere heure de course, devant la Gordini de Trintignant à moins de 2' et la C5R de Fitch. Ces 3 voitures ont bouclé 20 tours, Moss 4e est à 1 tour devant Rosier 5e. Levegh a pu grappiller quelques places, il est 8e toujours à 1 tour.

Fin de la 2e heure, Maglioni-Carini font leur 41e passage, le « requin » de Fitch-Shermann est toujours 2e, devant Trintignant-Sparken, Moss-Whitehead et Rosier-Giraud Cabantous, tous à un tour. Levegh-Meyrat sont 7e à 2 tours et talonnent la H.W.M d'Abacassis-Frère. Au 44e passage Maglioni porte le record du tour à 2'46"4 (180,590 km) avant de ravitailler. Parmi les abandons on note la Gordini de Jean Behra sur sortie de route et l'Osca de Seid-Vidilles, sur rupture d'embrayage.

Au jeu des ravitaillements, la Cunnigham, prend la tête un court instant, mais la Ferrari reprend sa position peu après. 3h20, la Ferrari de Phil Hill-Chinetti, jamais dans le coup depuis le départ se retire privée de frein. Au 77e tour, Maglioni-Carini descendent le record du tour à 2'42"8 soit 184,584 km/h de moyenne.

4 heures du matin, premier tiers de la course achevé, les positions sont les suivantes : 1er Maglioli-Carini (Ferrari) 82 tours, 2e Fitch-Shermann (Cunningham) à 1 tour, 3e Trintignant-Sparken (Gordini), 4e Moss-Whitehead (Jaguar) à 2 tours, 5e Rosier-Giraud Cabantous (Talbot). Levegh-Meyrat sont toujours 7e mais désormais à 4 tours.

Une heure plus tard, Trintignant-Sparken régressent à la 6e place, pendant que Levegh-Meyrat tombent 12e à 15 tours de la tête. La Ferrari de tête ravitaille à ce moment de la course. Démarreur bloqué, les mécaniciens doivent la pousser pour repartir. Le règlement est appliqué à la lettre c'est la disqualification.

Nous arrivons à la mi-course, Moss et sa Jaguar prennent la tête. Le classement s'en trouve bouleversé. Surprise, la Talbot de Rosier-Giraud Cabantous, pointe 2e à 2 tours, devant la Cunningham C4R de Cunningham-Johnson 3e à 5 tours. Trintignant-Sparken (piston) et Abecassis-Frère (suspension) ont abandonné. Quant au « magnifique squale » de Fitch-Shermann, il termine définitivement sa carrière, planté dans un champ par John Fitch.

Levegh-Meyrat ont renoncé sans que l'on connaisse les causes de l'abandon. Les positions ne vont plus bouger, certes la Ferrari a fait le spectacle, mais Moss et sa Jaguar retrouvent la victoire qu'une broutille avait empêché au Mans. Douglas-Sanderson (Jaguar) 4e ont titillé jusqu'au bout Cunnigham-Johnson pour la 3e place. La 2e place de Rosier-Giraud Cabantous à 4 tours des leaders, tient presque du miracle. Alors, dépassée la Talbot ou pas ?

Ce n'est pas le G.P de Caen, le 25 juillet qui peut apporter une réponse définitive. Le « circuit de la Prairie », inauguré l'année précédente par une épreuve de formule 2, propose cette année, une originale course à handicaps pour voitures de sport. Clin d'œil sans doute, à l'hippodrome de la Prairie qui le borde.

Ainsi les D.B ou les Panhard Monopole de 750cc, partent d'abord, derrière nous trouvons les Osca de 1350cc décalées de 10', la Gordini 2 litres de Mieres avec un écart de 22' et la plus grosse cylindrée, la Talbot de Levegh de 4,5 litres à…30'14'' du premier départ !

Conséquence, la pôle réalisée par Pierre compte pour du beurre (*Normand bien sûr !*) L'intérêt de la course réside dans le suspense bien entretenu par le speaker. Néanmoins, il est parfois difficile pour le spectateur de suivre le fil des événements, tant la compétition va être faussée par la pluie à mi-course.

Les concurrents, ont 86 tours de 3,530 km à couvrir. La course poursuite entamée par Levegh, va s'interrompre au 22e tour, freins bloqués. La Maserati de Mathieson fait la meilleure impression en établissant le record du tour à 113,506 km/h de moyenne. Le britannique devra se contenter de la 4e place, sous la pluie le handicap, se transforme en mission impossible.

Les petites cylindrées s'imposent, Pierre Chancel sur Panhard Monopole en 2h53'17'' devant la D.B Panhard de René Bonnet à 10''. La Gordini 2 litres de Robert Mieres termine 3e à 2', compte tenu des conditions météo, il est en quelques sortes le vainqueur moral de cette épreuve.

Chapitre 11

UNE VICTOIRE POUR L'ESPOIR !

Un an jour pour jour, Levegh revient sur le lieu de sa première victoire à Linas-Montlhéry. L'objectif est de conserver son sacre dans cette Coupe d'Automne. L'épreuve ressemble de plus en plus à « une course de club », expression chère aux britanniques, où les concurrents généralement amateurs, se mélangent avec des engins plus ou moins hétéroclites.

Les 33 voitures engagées, sont réparties dans pas moins de 5 catégories, contre 3 l'an dernier. Comme le classement scratch n'est pas d'actualité, nous allons retrouver 5 vainqueurs différents. Dans deux catégories, le classement tourne à la farce avec 3 Panhard engagées, Monopole ou DB en 750cc, et 4 voitures en Sport + 2litres. Ce n'est guère mieux en plus de 3 litres où Levegh fait face à 5 concurrents dont 2 Gordini.

Finalement le plus dur pour Pierre, sera de ne pas « casser » avant d'avoir bouclé les 16 tours pour un parcours de 100 km 534. La Talbot-Lago Grand Sport tient parfaitement la distance, et Levegh s'impose avec en prime le record du tour établi en 2'38''4 à 142,804 km/h de moyenne.

Rinen sur Gordini termine 2ᵉ à 58", n'offrant que peu de résistance, sans parler de l'antique Delahaye d'Henri Auriac classée 3ᵉ.

Deux semaines plus tard, le 4 octobre, Levegh a l'occasion de transformer l'essai, à la « Coupe du Salon » toujours à Montlhéry. Le titre de la course, tient du « salon de l'auto », se déroulant en parallèle sous la nef du Grand Palais à Paris.

Le plateau est plus fourni en qualité qu'en septembre, avec un vrai classement scratch. Sur les 26 voitures engagées, le duel attendu entre les 4 Gordini TS15, les 3 Talbot GS, peut être éventuellement arbitré, par la Jaguar C du Colonel américain John Simone, ou par la HWM Jaguar de l'anglais Lance Macklin.

Les essais confirment la tendance. Roger Loyer (Gordini), réalise le meilleur temps devant John Simone et Pierre Levegh 3ᵉ sur la grille. La course comprend 24 tours pour 151 km.

Au départ, « c'est en voiture Simone ! » L'américain, prend le dessus sur Roger Loyer et Georges Grignard (Talbot). Ce dernier, établit le record du tour à 152,500 km/h de moyenne, avant d'être éliminé sur accident. L'autre Talbot de Levegh, n'est pas plus heureuse, avec une rupture de transmission. « Loyer est payé de la victoire » devant Simone à 1'04" et Jean Blanc (Talbot) à 1'28".

Histoire de finir l'année en beauté, Levegh prend la direction du Maroc, pour les 12 heures de Casablanca, le 20 décembre 1953. Outre le changement de date de la course, le circuit d'Ain Diab, considéré comme dangereux a subi quelques modifications, il est raccourci d'un kilomètre, pour une distance totale de 3 km 260.

L'écurie Jaguar absente, nous retrouvons néanmoins la type C de l'écurie « Los Amigos » conduite par John Simone. Ferrari est grandissime favori, avec 4 voitures de types 250MM, 375MM et 500 Mondial. L'opposition en dehors de la type C, se réduit à deux Aston DB3 d'usine, à une Gordini T15S et les deux Talbot privées de Grignard et Levegh pour un total de 41 voitures engagées.

Levegh fait équipe avec Philippe Etancelin dont il s'agit de la dernière course officielle. Celui que tout le monde appelle désormais « Phiphi », doit fêter ses 57ans 8 jours plus tard ! Sa carrière a débuté en 1927, au volant d'une Bugatti, il va rester longtemps fidèle à la marque de Molsheim, remportant entre autres 2 fois le G.P de Pau. Sa plus belle victoire reste les 24 heures du Mans 1934, sur une Alfa Roméo qu'il partage avec Luigi Chinetti. Après-guerre, Talbot Lago en formule 1 et en sport, ont ses faveurs pour une carrère de 26 ans !

Revenons à la course, dont le départ « type Le Mans » commence à 10 heures du matin. Une Ferrari est absente, et non des moindres, la 375MM d'Ascari-de Oliveira, accidentée lors des essais. Pour le reste la compétition se déroule suivant le plan envisagé. La « Scuderia », va perdre la 250MM de Piotti-Biondetti sur rupture de transmission, mais les deux restantes en piste, trustent les deux premières places.

Farina-Scotti sur le spider 375MM, l'emporte en ayant bouclé 1410 km 415 à 117,584 km/h de moyenne devant la 500 Mondiale de Villoresi-Ascari. Celui-ci prenant au dernier moment, la place de François Picard. Levegh-Etancelin sont bon 3e, devant les deux Aston Martin DB3.

Avec la retraite d'Etancelin, Levegh ne manque pas de se poser des questions. Certes, il a 8 ans de moins que le Normand, néanmoins que peut-il encore espérer comme pilote indépendant, seul face à des écuries officielles, de plus en plus professionnalisées ? 1954, se joue pour lui à quitte ou double !

L'année, commence par un drame. En France, la saison sur piste débute à Linas-Montlhéry, le 4 avril avec la Coupe de vitesse de l'U.S.A, et avec la Coupe de Paris le 25 avril. Levegh trop occupé par les différentes activités professionnelles de « Pierre Bouillin », est absent. Deux Talbot Grand Sport, reçoivent un petit coup de jeune. Il s'agit des châssis 110057 de Guy Mairesse et de Jean Eugène Blanc châssis 90201, recarrossés par le turinois Motto. La voiture de Blanc a des faux airs « d'AC Cobra » avant l'heure.

Alors que Jean Blanc gagne le 4 avril, Guy Mairesse trouve la mort le 24 lors des essais de la Coupe de Paris. La Talbot sort de la piste et percute un mur en béton au virage des « deux ponts », en voulant éviter la 4cv Renault de Jean Gamot, qui bouchonne le milieu de la route. Gamot sera condamné l'année suivante à 4 mois de prison ferme pour non-respect du drapeau bleu (*signe de céder le passage*). Guy Mairesse était âgé de 43ans.

A l'international, le Championnat du Monde des constructeurs ne comporte que 6 épreuves cette année. Spa et le Nürburgring, ont disparu du calendrier, par contre les 1000 km de Buenos Aires entament la saison le 24 janvier. Ferrari aun titre à défendre, mais Mercedes est encore absente, préparant d'abord sa rentrée en Formule1.

Les écuries d'usines Jaguar et Lancia, boudent ce premier rendez-vous, jugé trop lointain et laisse une voie royale à Ferrari qui présente 10 voitures officielles ou privées de tous types. « Le cheval cabré » fait le doublé, la 375MM d'usine de Farina -Maglioni l'emporte, devant « la privée » 250MM de Schell-de Portago. L'Aston Martin DB3S de Collins-Griffith finit 3ᵉ. Jaguar grignote tout de même 3 points par l'intermédiaire de la C de l'écurie « Ecosse ».

Le 8 mars, c'est Ferrari qui néglige les « 12 heures de Sebring », à la suite d'un désaccord financier avec le promoteur de la course. Les Jaguar C « bleu nuit » ayant regagné l'Ecosse, le duel se limite aux Aston Martin et aux Lancia. Stirling Moss privé de Jaguar partage le volant d'une Osca 1500 avec Bill Lloyd (gendre de Briggs Cunningham). Il s'agit du ticket gagnant, la petite cylindréetord le cou à la Lancia 5 litres de Rubirosa-Valenzo 2ᵉ et à l'Austin Healey 3 litres de Macklin-Huntoon 3ᵉ. Les trois Aston Martin déçoivent, aucune d'entre elles, ne rallie l'arrivée.

Il va falloir compter sur Lancia cette année après sa victoire aux Milles Miglia, avec Alberto Ascari au volant. La Ferrari 500 Mondial de Marzotto classée seconde permet à la firme de Modène de garder la tête du championnat, à égalité de points avec celle de Turin. Les regards sont maintenant tournés vers le juge de paix, les « 24 heures du Mans ».

Après l'évolution significative chez Jaguar l'an dernier, des freins à disques sur la Type C, Coventry fait sa révolution en présentant la Type D. Le nouveau modèle est dessiné par Malcom Sayer, formé dans le groupe « Bristol Aéroplane Compagny ». Le britannique va tout simplement adapter la théorie aéronautique, à la pratique automobile.

Partant d'un châssis multitubulaire dans l'air du temps, il divise le « squelette » en deux parties, adapte au centre une structure monocoque en alliage léger, soudée et boulonnée pour un assemblage en trois parties. La pureté de la ligne et la fluidité des formes, donnent une aérodynamique particulièrement aboutie.

Par rapport au premier prototype présenté au mois de mai à Silverstone, Sayer a retravaillé une dérive dans le prolongement de l'appuie-tête. Celle-ci, rajoute une stabilité dans la ligne droite des Hunaudières du circuit sarthois. Seul hiatus à ce chef d'œuvre d'avant-garde, la conservation d'un pont arrière rigide, mal adapté aux circuits routiers et tourmentés.

Pour cette 22e édition « des 24 heures », Jaguar aligne trois de ses nouveaux prototypes, épaulés par une Type C de l'écurie Francorchamps. Pour les contrer, Lancia faisant l'impasse par manque de mise au point, Ferrari et c'est bien normal joue la carte « des chevaux », avec trois « 375 plus » de 5 litres. La marque, peut compter aussi sur la 375MM et la 750 Mondiale engagées par Luigi Chinetti. Aston Martin a pris le contrôle de Lagonda et joue sur le nombre avec 4 DB 3S dont deux coupés, ainsi qu'une Lagonda DP 115. Maserati fait une timide rentrée, avec deux A6GCS, une de 2 litres, l'autre de 2,5 litres.

Cunningham, n'a plus la côte avec ses deux lourdes C4R d'une tonne cinq cents, à comparer avec les nouvelles types D qui pèsent à peine 1000kg. Faute d'avoir pu reconstruire « le requin », Briggs, aligne sous ses couleurs, une Ferrari 375MM « cunninghamisée », allégée et équipée d'un système de freinage hydraulique, à refroidissement par eau.

Du côté français il faut une loupe pour voir des innovations. Gordini suivant ses habitudes joue la diversité, avec pour fleuron une T24S 3 litres à conduite centrale, accompagnée de trois T15S motorisées d'un 2,5 litres, d'un 2 litres et d'un 1100cc. Des trois Talbot T26GS habituelles de Rosier, Blanc et Levegh, seule cette dernière bénéficie d'une calandre élargie, en vue d'un meilleur refroidissement des freins.

Des travaux d'améliorations du circuit ont été entrepris. La largeur de la piste est portée à 8 mètres entre Mulsanne et Arnage, entre les deux, les esses d'Indianapolis sont désormais relevées. Côté règlement, l'intervalle entre deux ravitaillements doit être de 30 tours.

Aux essais les Jaguar tournent 5'' secondes plus vite que l'an dernier. La « type D » est bien née avec 245 chevaux, et réalise une pointe à 278,148 km/h dans les Hunaudières, contre 267,649 km/h aux Ferrari 375 Plus, avec 340 chevaux.

Pour la première fois la télévision française, retransmet en partie la course. 57 voitures prennent le départ, suite aux forfaits la suite des forfaits des Maserati officielles et des Austin Healey.

A 16 heures, Charles Faroux baisse son drapeau tricolore. La course à pied est toujours favorable à Stirling Moss, mais Briggs Cunnigham enclenche la première avant lui. Pas pour longtemps, les Ferrari de Gonzales, Marzotto et Manzon occupent les trois premières places sous le pont Dunlop. Jean Eugène Blanc a su profiter de la mêlée, pour glisser sa Talbot en 5e position. On signale un premier abandon, celui de la Monopole N°61. Eugène Dussous s'est vautré dans le talus au « Tertre Rouge », après avoir perdu une roue. La petite Panhard, n'aura même pas bouclé un tour !

Au premier passage, les trois Ferrari sont toujours dans le même ordre, talonnées par la Jaguar de Moss. Les Ferrari n'amusent pas le tapis, Gonzalès bat le record du tour au 2e passage à 185 km103 de moyenne, puis le porte à 185,140 au 4e tour. C'est le moment que choisit le comte Baggio pour sortir de la piste à Mulsanne, en essayant de suivre une Jaguar. Calmement « le gentleman driver » sort du coupé Ferrari, mocassins aux pieds, costume clair en alpaga, nœud papillon à poids, s'époussette, avant de prendre une pelle, pour essayer de dégager le véhicule qui gîte sur la gauche dans le sable. « On a la classe ou on ne l'a pas ! » Voyant que ses efforts ne sont pas couronnés de succès, il se couvre d'un chapeau tyrolien et pipe au bec, déclare aux quelques spectateurs venus l'encourager, qu'il va prendre un pot !

Les abandons se succèdent dans cette première heure, 7 au total. À 16h26, la D.B Panhard d'Heldé s'arrête à son stand, boîte de vitesses hors d'usage, puis à 16h49 la Porsche de Frankenberg, joint de culasse touché. La Panhard Monopole de Pailler-Dewez est accidentée à Maison Blanche.

Fin de la première heure, Moss réussit à placer sa Jaguar en 3e position derrière les Ferrari de Gonzales et de Marzotto. La 2e Jaguar de Rolt-Hamilton est 4e devant la Ferrari de Manzon-Louis Rosier. La première voiture bleue, celle Behra-Simon (Gordini N°19) occupe la 6e place, devant la Talbot que Levegh partage avec Lino Fayen 8e.

Stirling Moss décide de passer à l'offensive, Maglioli en fait les frais et cède la seconde place à la Jaguar. Stirling fait passer le record du tour à 186,239 km/h de moyenne, les Cunningham sont incapables de suivre le rythme des voitures de tête.

La réplique de Gonzalès ne tarde pas, reprenant le record du tour, en 4'06"8 (189 km139/h) avant de céder le volant à Trintignant. C'est l'heure des ravitaillements, une pluie diluvienne s'abat sur l'intégralité du circuit. La Jaguar de Moss-Walker est retardée 20' pour un problème d'allumage, celle de Rolt-Hamilton beaucoup moins. Néanmoins les mécanos, effectuent un changement de bougies et de filtre à essence. Elle perd 3 places et se retrouve 7e. A 18h30 José Froilan Gonzales, reprend le volant de la Ferrari N°4 à Trintignant, alors que la pluie redouble.

Levegh perd le contrôle de sa Talbot à Arnage, il revient clopin-clopant, s'arrête au stand pour faire constater les dégâts, la tôle est froissée. Après un bref examen, il repart mais pour un seul tour. Les mécanos, vont chercher plus en profondeur et constatent que le train avant est faussé. Le temps de la réparation, la Talbot passe de la 9e à la 26e place.

La Gordini de Behra-Simon, n'est pas au mieux non plus. Classée 7e, un problème d'allumage, nécessite un changement de magnéto. La bleue tombe à la 36e place. La pluie n'arrange ni les problèmes électriques, ni les sorties de route, qui se multiplient.

Au bout de 3 heures, la moyenne tombe à 177,274 km/h, pour la Ferrari de Gonzales-Trintignant tient toujours les commandes, devant celle de Maglioli-Marzotto à une seconde, et celle de Rosier-Manzon maintenant 3e à 3'10". La première Jaguar de Rolt-Hamilton roule 15" derrière. Tous les autres concurrents, sont au moins à un tour. La Lagonda d'Éric Thompson, part en tête à queue et heurte les fascines, endommageant le train à l'arrière gauche, de manière irréversible.

À 20 heures, le classement s'établit comme suit : 1er Gonzales-Trintignant, 2e à 21" Maglioli-Marzotto, 3e Rosier-Manzon, sous la menace de perdre un tour, tous sur Ferrari. La première Jaguar de Whitehead-Wharton navigue (c'est le cas de le dire vu le temps !) à la 4e place à 2 tours, suivent les Aston-Martin de Parnell-Salvadori 5e à 3 tours et de Collins-Bira 6e à 4 tours, talonnées par la Jaguar de Rolt-Hamilton 7e

Moins d'un quart du temps de course s'est écoulé, et les « ferraristes » tiennent déjà le bon bout. Ils n'ont plus que 4 adversaires, pour l'instant pas très menaçants, Moss-Walker sont 27e à 11 tours, Pollet-Guelfi 11e à 5 tours pour essayer de sauver l'honneur national. Chez Talbot plus d'espoir ; Jean Louis Rosier-Meyrat pointent 17e à 6 tours, Blanc-Nersessian 28e et Levegh-Fayen 43e. Cette dernière, bien malade roule en crabe et comme celle de Rosier, souffre de problèmes de freinage. La nuit risque d'être longue, pour les supporters français.

Alors que le jour décline, la pluie cesse, néanmoins le pilotage reste toujours aussi délicat, entre huile répandue et chaussée glissante. Chez Jaguar les maladies de carburation perdurent. Cette fois c'est la 14 de Rolt-Hamilton qui s'immobilise au stand. Problèmes d'étanchéité, de la nouvelle type D, du sable se retrouve dans le filtre à essence, qu'il faut changer. La Frazer-Nash de Peadock-Ruddock, heurte de face les fascines, sa course est terminée.

La nuit commence à tomber. Jaguar reprend espoir, la 15 de Wharton-Whitehead se hisse à la 3ᵉ place devant la Ferrari de Louis Rosier-Manzon qui s'arrête au stand à 21h25 pour 3'. Il faut changer les 4 roues. Gonzales-Trintignant doivent faire la même opération. Visiblement les Pirelli, souffrent plus que les Dunlop.

Rien ne va plus chez Talbot. L'Aston Martin de Whitehead-Stewart dérape et se met en travers à Maison Blanche. Jean Louis Rosier, ne peut l'éviter, c'est la collision. Les pilotes sont plutôt chanceux, seul Stewart est blessé avec un bras cassé. Terminé également pour la Talbot de Levegh-Fayen 47ᵉ, en antépénultième position, Léo Fayen privé de frein, finit par sortir de la piste. La Gordini de Moynet-Rinen, renonce au même moment, sur panne d'allumage.

Le début de nuit, est plutôt calme pour les leaders. Entre 22 et 23 heures, les 2 Ferrari, mènent devant les 2 Jaguar. Moss, sur la 3ᵉ type D ne baisse pas les bras. Il passe de la 18ᵉ à la 14ᵉ place, mais n'a pu reprendre qu'un seul tour sur la Ferrari de tête, il lui en reste 10 à combler…

Un premier coup de théâtre se produit, un peu avant minuit. La Ferrari N°3 de Marzotto-Maglioli s'arrête à son stand, le constat est sans appel, rupture d'un roulement sur le pont arrière. La Ferrari N°4, se trouve désormais seule pour batailler, contre les 2 Jaguar.

Moss continue de lutter pour revenir. A 23h57, il sort de la piste et heurte les bottes de paille à Mulsanne. Plus gênant, il ne s'agit pas d'une faute de conduite, mais d'un problème de frein. Les dégâts sur la type D sont légers, le stand change les disques, inspecte tout le système et croise les doigts, pour qu'après les problèmes d'embrayage, d'allumage et de filtre à essence, la poisse lâche un peu le champion anglais.

La Gordini 3 litres de Behra-Simon, est aussi poissarde. Elle passe de nouveau ½ heure au stand, pour un allumage défectueux. Le duo vedette tricolore, repart en 37ᵉ position avec 29 tours de retard. L'unique Talbot encore en course, la N°11 de Blanc-Nersessian, « tire comme une 2cv ». Après un changement de bougies, le démarreur refuse tout service, il faut 42' pour effectuer la réparation. Pendant ce temps, la Ferrari de Gonzales-Trintignant tourne à 172 km/heure de moyenne.

Après 8 heures de courses, le classement est le suivant : 1er la Ferrari N°4 de Gonzales-Trintignant, 2e la Jaguar N°15 de Wharton-Whitehead à 2 tours, 3e la Ferrari N°5 de L.Rosier-Manzon à 2 tours, 4e la Jaguar N°14 de Rolt-Hamilton à 3 tours, 5e l'Aston Martin de Parnell-Salvadori à 6 tours. L'unique espoir tricolore, repose désormais sur la Gordini 2,5 litres de Guelfi-Pollet, 14e avec 12 tours de retard.

Le premier tiers de course passé, les éclopés en sursis finissent par rendre l'âme. L'Aston Martin de Shelby-Frère, un moment 8e, disparaît à 0h26 avec une fusée de roue endommagée. 10 minutes plus tard, Behra jette l'éponge, toujours à cause de la magnéto. La petite Gordini 1100 de Thirion-Pilette se retire sur rupture de la distribution. Moss repart, il aura passé 1h54" cumulée dans le stand Jaguar, depuis le début. Pas pour longtemps, peu avant la mi-course, la type D abandonne sur défaillance du maitre-cylindre des freins. Il ne reste plus que 32 voitures en course !

Loin de calmer les ardeurs, la Ferrari de Rosier-Manzon et la Jaguar de Rolt-Hamilton s'étripent pour la seconde place. Il est près de 4 heures du matin, Prince Bira, dérape sur la piste toujours humide et sort à Maison Blanche. Bira, a le nez fracturé et le coupé Aston Martin est partiellement détruit. La jaguar N°15 de Whitehead-Wharton, multiplie les arrêts pour changer les bougies et vérifier l'alimentation. À 3h24, elle s'arrête définitivement, boîte de vitesses bloquée.

À la mi-course, malgré les conditions défavorables, Les 3 voitures de têtes ont bouclé plus de 2000 km. Gonzalès-Trintignant sont toujours solides leaders, Rolt-Hamilton (Jaguar) est à 2 tours, suivi à moins de 300 m par la Ferrari de Rosier-Manzon. Après c'est le trou, la Cunningham de Spear-Johnson, à la faveur des abandons est passée 4e devant l'Aston de Parnell-Salvadori 5e, toutes les deux sont à 9 tours. La Gordini de Guelfi-Pollet remonte à la 9e place à 16 tours.

La fin de nuit est difficile. La pluie tombe toujours par intermittence. La Talbot N°11, continue de se traîner, le changement de bougies effectué, n'y change pas grand-chose. La Ferrari-Cunningham de Fitch-Walters, rejoint « le cimetière » sur rupture de pont. A 4h20 l'Aston de Parnell s'arrête pour un problème de compresseur. Elle repart 39' plus tard après avoir perdu 3 places. L'abandon sera « officialisé » à 11h50, pour rupture de joint de culasse. 5 Aston au départ 5 abandons. 6 heures du matin, la DB2/4 privée de Colas-Ramos est parquée, transmission cassée. Désormais en course ils ne restent plus que 26 voitures en piste !

6h10, Louis Rosier stoppe, pour une vérification, il se plaint de la transmission. Robert Manzon prend le relais, il s'arrête définitivement à 6h35, boîte serrée. Comme dans la Rome antique aux jeux du cirque, il n'y plus que « deux gladiateurs dans l'arène », Jaguar 14 contre Ferrari 4 !

Au ¾ de la course, à 10 heures la situation est la suivante, Gonzales-Trintignant mène devant Rolt-Hamilton à 1 tour. Derrière, l'écart s'est creusé. La Cunningham de Spear-Johnson est toujours 3e, mais à 15 tours, soit une heure et quart de retard. Elle a perdu 3' à Mulsanne à la suite d'un ensablement, la Type C de Laurent-Swaters 4e à 19 tours.

Il fait un temps de mois de mars, des éclaircies, succèdent à de courtes averses. Puis à midi, le ciel s'obscurcit progressivement, avant de déverser des trombes d'eau à 14h20. La piste devient à la limite du praticable, Trintignant en profite, pour faire un passage au stand, en vue d'un dernier plein.

Il fait un rapide bilan. « Mon moteur cafouille à cause de la pluie ! J'ai hésité à m'arrêter, le distributeur est humide, mais je risquais la panne sèche » ! Gonzalès prend sa place, met un coup de démarreur, le moteur toussote, « pétoule ! » *(Expression méridionale, qui signifie « crottes de souris » ou « queue dalle ! » Attribué à Maurice Trintignant, d'où son surnom de Pétoulet.)* Le capot de la Ferrari est soulevé, 3' s'écoule, on vérifie les connections, nettoie les fils, change les bougies, 5' sont passés.

La Jaguar de Rolt-Hamilton passe devant la tribune, réduisant son handicap à environ 4'30''. La Ferrari, refuse toujours de partir. Ugolini le team manager se désespère. Finalement au bout de 7'40''le moteur pétarade sous les applaudissements du public. Entre temps Hamilton a réduit son retard à 1'40''. Ce n'est pas fini, Gonzales sous la pluie doit être prudent, les freins de la Ferrari faiblissent. L'écart décroit encore pour tomber à 1' à une heure de l'arrivée.

Le stand Ferrari passe le panneau « GO » à la N°4. José Froilan Gonzalès, n'a jamais mérité aussi bien, son surnom de « taureau de la Pampa ». Il fonce, derrière il aurait fallu un Moss, pour combler l'écart, ni Rolt, ni Hamilton, ne sont en capacité d'aller plus vite. L'écart remonte à 2'30'', la partie est gagnée, Gonzalès peut finir le travail, tout en contrôle.

Gonzales-Trintignant l'emporte, bouclant 4061,15 km au cours des 24 heures. Rolt-Hamilton sont 2ᵉ à un tour, les 2 Cunnigham C4R prennent respectivement les 3ᵉ et 5ᵉ places à 19 et 28 tours. La Jaguar C « belge » de Laurent-Swaters, s'intercale 4ᵉ à 25 tours.

Côté français, on fait contre mauvaise fortune bon cœur, avec la victoire de la DB de Bonnet-Bayol à l'indice de performance et à la Coupe Biennale. Sourire de circonstance chez Gordini, pour une 6ᵉ place de Pollet-Guelfi, à la distance et une victoire en moins de 3 litres. Faciès de deuil chez Talbot. La N°11 de Blanc-Nerdessian, boucle 206 tours pour une provisoire 16ᵉ place. Celle-ci, se transforme en déclassement, par décision des commissaires… pour dernier tour trop lent !

Chapitre 12

12 HEURES POUR OUBLIER 24 HEURES !

Fort de l'expérience et de la réussite de l'an dernier, l'Automobile Club de Champagne, renouvelle le mariage, entre le Grand Prix de vitesse et les 12 heures d'endurance, pour les 3 et 4 juillet 1954. Au rayon des nouveautés, le championnat du Monde des conducteurs, retrouve la formule1 avec un moteur de 2.5 litres. Le come-back de Mercedes pour une première, avec leurs « streamliners » carénées, crée l'événement à lui seul.

Du coup, Ferrari donne priorité aux championnats du Monde en engageant, une 555 « squalo » pour Froilan Gonzales et trois 625 pour Trintignant, Hawthorne et Farina. Si l'on ajoute les « 625 privées », de Rosier, Manzon et Swaters, ce n'est pas moins de 7 Ferrari, pour contrer les 3 nouvelles Mercedes de Fangio, Kling et Hermann. Le « Cheval Cabré » se contente de présenter deux voitures pour les 12 heures, une 4,5 litres aux mains de Gregory-Biondetti et une 3 litres pour Maglioli et Manzon.

Chez Jaguar, bien que tombé avec les honneurs aux24 heures du Mans, la leçon est restée en travers de la gorge. Trop de pannes mineures, sont venues troubler les nouvelles types D. Pour renouer avec le succès, la firme anglaise, joue sur le nombre en alignant 5 voitures. Les américains sont restés sur le continent, avec deux Cunningham C4R, certes démodées, mais dont on connaît la robustesse, dans une épreuve d'endurance.

Chez Gordini, Amédée fait la chasse aux primes de départ, pour boucler ses fins de mois. Il s'en suit une fuite en avant, avec 4 formules 1 pour le Grand Prix et 3 sports pour les 12 heures. Bonjour le travail des mécanos, pour préparer et entretenir le matériel.

Une question qui ne se pose pas à Levegh, fidèle à sa Talbot Grand Sport, accompagné de Lino Fayen comme co-pilote. Curieux parcours, pour ce français né au Luxembourg, de souche vénézuélienne, qui gagne ses galons de pilote, en qualité de directeur de concession chez Talbot. Pour entretenir l'espoir d'une performance, Pierre pense sûrement à la 2e place de Rosier l'an dernier, avec une voiture identique.

Sur le billard champenois, aux essais les Type D, confirment tout leur potentiel. Whitehead-Wharton tourne en 2'38"6 à 188,438 km/h de moyenne. Derrière nous retrouvons deux autres Jaguar, puis les deux Cunningham, celle de Briggs et Johnson se montre la meilleure en 2'44". Levegh-Fayen sont à la hauteur, avec un temps de 2'45"2, les mettant en 6e position.

47 voitures, sont en position 30' avant le départ, prévu à minuit. Moss est toujours le plus rapide à la course et démarre en premier. Par contre la Jaguar N°2 de Rolt-Hamilton reste un instant plantée sur la grille. Sur la N°1 Stirling confirme qu'il est bien le patron. Il boucle son 2e tour, en 2'47"5 devant Briggs Cunningham. La HWM d'Abecassis-Macklin, ouvre la liste des abandons dès le 3e tour, piston crevé. Au 5e tour Moss porte le record à 2'45"7, Behra sur la Gordini 3 litres, après un départ quelconque, remonte à la 6e place, puis gagne encore une place au 6e tour.

Une pluie fine, ininterrompue, rend le pilotage délicat. Au 20ᵉ tour, Behra s'apprête à une attaque sur Rolt pour la 4ᵉ place, mais la Jaguar glisse, quand la Gordini arrive à sa hauteur. La collision inévitable élimine le français, radiateur crevé. La Ferrari 3 litres de Maglioni-Manzon, renonce au 26ᵉ tour, sur un problème de boîte de vitesses. Les abandons se succèdent à 1h30 la Maserati de Roboly-Bourillot, pompe à huile, et la 4cv des fils Jean Louis et Jacques Rosier sur bris de soupapes.

À3 heures le classement est le suivant : Moss-Walker ont bouclé 59 tours, l'autre type D de Whitehead-Wharton est 2ᵉ à 2'9''. La Cunningham de Walter-Fitch est 3ᵉ, devant la Jaguar de Rolt-Hamilton, toutes les deux à un tour. Levegh-Fayen sont 6ᵉ derrière la 2ᵉ Cunningham à 2 tours.

Une heure plus tard, Moss laisse le relais à Walker. Celui-ci, ne va pas en faire un bon usage, à 4h30, il percute le talus au virage de Thillois. La type D, doit abandonner sur rupture d'un arbre de roue, alors que la transmission est déjà bien malade. Whitehead-Wharton sont désormais au commandement. Le gain d'une place pour Levegh-Fayen, ne va pas durer longtemps. A 5h15, Pierre s'arrête au stand, les freins de la Talbot sont morts.

À mi-course, la Jaguar N°2 de Rolt-Hamilton après 118 tours, mène devant la N°3 de Whitehead-Wharton. Rien n'est encore définitivement fait, La Cunningham de Walter-Fitch 3ᵉ, n'est qu'à 1'45'' de la voiture de tête. La 2ᵉ Cunningham est désormais 4ᵉ à 6 tours, talonnée par la type D « belge » de Laurent-Swarters L'unique Ferrari encore en course tourne en 6ᵉ position à 7 tours.

Le jour se lève, la pluie cesse enfin. Les Jaguar, en profitent pour battre le record du tour. Rolt d'abord, en 2'46''1, puis Ken Wharton réplique en 2'43''8 à 182,456 km/h de moyenne. Tous ces coups de boutoir, ont pour effet de creuser un peu plus les écarts. L'abandon de la 4ᵉ Jaguar, sur sortie de la route au virage de Gueux, n'y change pas grand-chose. À 9 heures, c'est-à-dire au ¾ de la course, les 2 jaguar de tête ont 6 tours d'avance, sur la Cunningham de Walter-Fitch classée 3ᵉ.

Rien ne bouge jusqu'à 30' de la fin. Rolt-Hamilton s'arrête à son stand pour une vérification du pont arrière, dont l'état inquiète le stand. La Jaguar, repart à petite vitesse, pour laisser la victoire à l'autre type D de Whitehead-Wharton. Jaguar fait même le triplé Laurent-Swarters, souffle la 3ᵉ place à la Ferrari de Gregory Biondetti 4ᵉ, qui termine devant les deux Cunningham. Il faut remonter à la 13ᵉ place, pour retrouver une voiture française, la Gordini 1100cc de Thirion-Gendebien.

Le Grand Prix qui suit va forger un peu plus la légende « des flèches d'argent ». Fangio, l'emporte à 186,638 km/h de moyenne, battant d'un souffle son coéquipier Karl Kling. La 3ᵉ Mercedes d'Hans Hermann qui a dû abandonner, fixe le record du tour à la moyenne vertigineuse de 195,463 km/h. Ferrari en déroute avec 6 abandons, ne doit son salut qu'à Robert Manzon, sur sa 625 personnelle, 3ᵉ à 1 tour des Mercedes.

Pierre Levegh, profite du week-end du 15 août, pour un petit séjour au pays des tulipes. Ce jour-là, se déroule, la « Zandvoort International », sur un circuit atypique de 4 km 200, dessiné au milieu des dunes. Le cadre à la fois original et sympathique, présente l'inconvénient d'être souvent balayé par le vent de mer, avec pour conséquence de saupoudrer de sable, la piste et les mécaniques.

La course est réservée aux voitures de sport, avec deux classements bien distincts, pour les moins de 2 litres et les plus de 2 litres. Le circuit comprend 25 tours, pour une distance de 105 km. 16 machines sont présentes en première catégorie et 17 en seconde, dont la Talbot de Levegh. Si les écuries d'usines, sont absentes, le français doit se frotter à 2 Ferrari 225s et 250 Monza, 2 Aston Martin DB3, ainsi qu'à 9 Jaguar type C dont deux de l'écurie « Ecosse ».

Comme prévu, les Jaguar de l'écurie « Ecosse » dominent les débats. 4 type C, occupent les 4 premières places à l'arrivée. Le facétieux Ninian Sanderson réalise le « grand chelem », pole position, record du tour (133, 575 km/h de moyenne) et victoire finale en 48'25". Son compatriote James Scott-Douglas termine 2ᵉ à 29" avec dans les roues le belge Roger Laurent 3ᵉ à 30".

Levegh s'est retiré à la suite d'un début d'incendie, dû probablement à un court-circuit, heureusement vite maîtrisé par le stand. Une semaine plus tard, Pierre passe de la mer du Nord à l'Atlantique, pour une course à handicaps à La Baule. Si le spectacle est assuré pour les vacanciers, l'intérêt sportif reste plus douteux. Comme nous l'avons vu l'an dernier à Caen, la difficulté pour l'organisateur réside dans un juste équilibre à trouver, entre petites et grosses cylindrées.

Sans parler des conditions atmosphériques, qui cette année ne viendront pas piper les dés. Le circuit d'Escoublac, n'a pas forcément vocation pour ce genre de course. Tracé autour de l'aérodrome de La Baule sur 4,260 km, avec une seule ligne droite de 500m, le reste du parcours sinueux, sur route étroite, ne favorise pas le dépassement des véhicules. À toutes ces contraintes, il faut ajouter, que les premiers partent avec une voie libre pour foncer, pendant que les derniers, doivent se faire de la place dans le trafic !

18 voitures sont engagées pour couvrir 303,120 km en 71 tours. Les D.B Panhard et autres Monopole de 750cc, lancent la course en premiers. Derrière, l'OSCA 1350cc de Jacques Peyron part 11'16'' après les plus petites cylindrées. C'est pire naturellement pour les autres concurrents, la type C 3 litres de Duncan Hamilton démarre 24'56''plus tard et la Talbot 4,5 litres de Levegh en dernière position à 27' !

Si le profane peut se laisser prendre au jeu, il est clair qu'il ne faut pas aller chercher le vainqueur, autrement que chez Panhard. Du coup, la plupart des concurrents assurent le minimum, simplement pour toucher leurs primes de départ. Le seul chez « les gros », qui tourne à fond, c'est Duncan Hamilton. Il est simplement récompensé du meilleur tour en course en 1'57''60 à 128,880 km/h de moyenne et d'une pauvre 4ᵉ place à 17'04'' du vainqueur.

Elie Bayol, pendant longtemps, fait figure de vainqueur potentiel, avant qu'un problème de pneu ne condamne sa DB à la 2ᵉ place à 8'3'' de la victoire. Louis Cornet, le pilote au gabarit de jockey l'emporte sur une autre DB en 2h 39'09'', l'OSCA de Jacques Peyron complète le podium à 11'16''.

Quant à Pierre Levegh, pour éviter une casse supplémentaire, il se contente de la 11ᵉ place à 1 tour. Néanmoins, il ne fait pas le déplacement pour rien, en allant chercher la prime de la vitesse la plus rapide, dans la ligne droite. Prime, qu'il doit partager avec Georges Monneret sur Maserati. Les deux pilotes, sont chronométrés sur les 500 m départ lancer en 8"84 à 203 km 600 de moyenne. Duncan Hamilton 3ᵉ en reste lui à 198,625.

Jamais deux sans trois, Pierre s'engage à La Coupe d'Automne le 19 septembre à Linas Montlhéry, bien décidé, à remporter une troisième victoire consécutive dans l'épreuve. L'organisateur, l'AGACI, ne commet l'erreur de l'an dernier, à savoir multiplier les vainqueurs par catégories, dans une même course.

Le nombre de concurrents, permet d'organiser deux courses bien distinctes, pour véhicule de moins et de plus de 2 litres. Dans la première catégorie, ils sont 20 à devoir boucler 12 tours. Chez « les gros cubes », 14 voitures sont conviées à faire 16 tours, pour une distance totale de 100 km534.

Pour pouvoir aligner 14 machines, l'AGACI (*Association Générale Automobile des Coureurs Indépendants*), a dû ouvrir sa course aux catégories sport et aux monoplaces. Ainsi au milieu de deux Aston Martin DB3 et des Talbot T26 Grand Sport de Blanc et Levegh, nous retrouvons une Gordini 1,5 litres à compresseur pour Thépenier et une Talbot TC26, monoposte pour Lino Fayen.

Cette troisième victoire, sera la plus chèrement acquise pour Pierre. Il va devoir batailler toute la course, contre son partenaire d'endurance, Fayen, pour l'emporter de 3 petites secondes. Jean Eugène Blanc est 3ᵉ à 16", devant Mike Sparken sur Aston DB3 et Jean Thépenier à 45". Les cinq voitures sont les seules à terminer dans le même tour.

De la Coupe d'Automne, aux « Coupes du Salon », il n'y a qu'un pas à franchir, même lieu, même organisation, seule la date du 10 octobre diffère.

Pourquoi les « Coupes du Salon » ? Simplement par le succès de l'épreuve. Dans une première course réservée aux Grands Tourismes, 21 voitures sont sur la start-liste, avec un classement à la distance et pour les quatre catégories de cylindrées. Même chose, pour la seconde course des « Sports » avec 26 voitures.

Le plateau est plus relevé qu'à la Coupe d'Automne, avec la présence du jeune américain Masten Gregory sur Ferrari 375MM, de Jean Behra pour l'écurie Gordini. Mais c'est surtout Stirling Moss qui capte l'attention. Néanmoins, les chances de l'anglais, sont très réduites pour le classement à la distance. Il ne dispose que d'une Connaught d'1,5 litre, l'écurie Jaguar se désintéressant de l'épreuve.

Levegh, qui connaît parfaitement le circuit, fait une grosse performance aux essais. Il glisse sa Talbot, juste derrière la Gordini de Jean Behra, qui décroche la pole et devant la Ferrari de Grégory, 3e temps.

Malheureusement, des problèmes d'allumage vont contrarier sa course. Behra est le plus fort, il réalise le meilleur tour à 166,330 km/heure de moyenne et boucle les 24 tours de 6,283 km en 55'56"2. Gregory termine 2e à 45", devant la type C de Duncan Hamilton à 1'57" qui précède d'une seconde la Ferrari 735 de François Picard. Bon an mal an, Levegh termine 5e à 2'14", pendant que Moss 10e à 2 tours, remporte la catégorie moins de 2 litres.

L'heure est au bilan pour Pierre Levegh. Il va avoir 49 ans en décembre prochain, sa carrière de pilote approche des 15 ans, même si celle-ci fut interrompue pendant 5 ans, lors du conflit mondial. Sa Talbot, est de moins en moins compétitive, sans possibilité au niveau international, peut-il encore se contenter d'un niveau hexagonal, après avoir fréquenté des Wimille, Ascari et autre Fangio ?

Bien évidemment, une poursuite à haut niveau, demande un changement de monture. Un investissement onéreux, une difficulté de plus en plus importante et coûteuse, face à des écuries d'usines plus professionnelles, aux moyens humain et financier, sans comparaison.

De plus les voitures compétitives sur le marché, ne sont pas légion. La Jaguar D n'est pas encore commercialisée et la type C, ne représente pas un avantage décisif, par rapport à la Talbot. Les Maserati et autre Aston Martin sont encore trop sous motorisées, restent les Ferrari.

Stop ou encore, Levegh, ne va plus se poser la question trop longtemps, le destin, va en décider autrement pour lui.

Mercedes a écrasé la saison 1954 en formule 1. Depuis leurs premières apparitions à Reims le 4 juillet et le doublé de Fangio et de Kling, sur 6 autres sorties, les W196 ont remporté 4 courses. Ferrari a limité les dégâts en Grande Bretagne et en Espagne grâce à Gonzalès et Hawthorne. La marque allemande, a un temps d'avance sur tout le monde, en proposant sa W196 en deux versions, la « steamliner » pour les circuits rapides (victoires à Reims, Monza et à l'Avus) et une version à roues découvertes, pour les circuits lents (victoires au Nürburgring et à Berne).

L'objectif annoncé par la toute puissante Daimler-Benz, pour la saison 1955, est non seulement de conserver le titre mondial en formule 1, mais également de conquérir celui réservé aux voitures de sports. Pour cela, un nouveau modèle 350SLR (*Sport, Leicht, Rennenwaggen*) version biplace de la W196 est à l'étude.

Le matériel est bientôt disponible, reste à trouver les hommes. La firme à l'étoile garde son effectif de pilotes actuel, avec le champion du Monde sortant Juan Manuel Fangio, leur ingénieur pilote Karl Kling, et le jeune espoir allemand de 26 ans Hans Herrmann, transfuge de chez Porsche. Pour la saison à venir, Neubauer en fin stratège, réussit à convaincre Alfred Moss, père de Stirling, de persuader son fils de signer pour Mercedes. Avec 4 pilotes de ce niveau, « les flèches d'argent » sont bien pourvues en formule 1, reste à compléter l'équipe en sport.

Des 6 épreuves déjà intronisées au championnat du Monde des voitures de Sport (Bueno Aires, Sebring, Mille Miglia, Le Mans, Tourist Trophy, et Panaméricaine) vient s'ajouter la Targa Florio. Il est bien entendu que la firme de Stuttgart ne sera pas prête pour les deux premières épreuves en Amérique, par contre, elle compte proposer quatre machines au départ des Mille Miglia à Brescia du 30 avril au 1er mai.

Derrière, les 24 heures du Mans des 11 et 12 juin, reste la priorité de la saison avec 3 voitures. La spécificité des « Mille Mille » avec son parcours routier, n'impose pas d'avoir 2 pilotes par équipages, un pilote avec ou sans navigateur, peut effectuer l'épreuve, mais au Mans avec trois 350SLR, il est nécessaire d'avoir 6 pilotes au minimum.

Nous sommes au mois de décembre, il faut faire vite. Neubauer réussit à s'assurer les services de John Fitch, transfuge de Cunningham et d'Olivier Gendebien. Pour l'Italie c'est bon, mais pas pour le Mans. Le pilote belge a déjà donné son accord chez Porsche. Alfred Neubauer, envisage alors de convoquer le compatriote de Gendebien, le journaliste Paul Frère. Trop tard, il vient de signer chez Aston Martin.

De ce casse-tête, naît une idée de génie, dans le cerveau fécond du team manager de chez Mercedes. La victoire de Mercedes en 1952, a soulevé un certain tollé en France, pour ne pas dire plus. Depuis, l'accord charbon acier entre la France et l'Allemagne, base de la future construction européenne, est passé par là. Il est temps de tirer un trait sur le passé.

En 1952, Mercedes l'a emporté, avec des pilotes 100% allemand. Aujourd'hui Neubauer possède dans son effectif un argentin Fangio, un anglais Moss, deux allemands Herrmann et Kling ex-pilote de la Luftwaffe, et un américain Fitch, ex pilote de l'US Air force, pendant la guerre. « Ça a de la gueule, non ! » Il ne manque plus qu'un français, pour symboliser la réconciliation.

Qui peut symboliser le mieux la réconciliation, sinon Pierre Levegh. Héros malheureux de l'édition 1952, il a tenu en échec pendant près de 23 heures les Mercedes au Mans. Neubauer, sait s'en souvenir. En proposant à Levegh, le dernier volant vacant, Alfred fait d'une pierre (*sans jeu de mot)* deux coups, il comble un manque et s'attire la sympathie du public français.

A l'annonce officielle, Pierre n'en croit pas ses oreilles. À l'automne de sa carrière, se voir offrir pour la première fois un volant d'usine, et pas par n'importe quelle usine, le rêve semble trop beau pour être vrai.

Conscient du challenge proposé, le français va devoir assumer, il reste 5 mois pour se préparer…

Chapitre 13

POUR UNE PARCELLE DE GLOIRE

Pas question de venir comme les autres années, au Mans en dernières minutes, il va falloir faire des essais et en attendant que sa future monture soit prête. Le mieux c'est de trouver des courses, pour entretenir la forme.

Le Rallye de Monte-Carlo, se présente du 18 au 24 janvier 1955, et n'est certainement pas la meilleure manière de préparer Le Mans. Toutefois, c'est l'occasion de « bouffer du kilométrage ». Compte tenu du peu de temps qui le sépare de l'épreuve, Pierre décide d'engager sa propre Ford Comète 3,9 litres acquise en 1954. Comme navigateur, il s'adjoint l'écrivain spécialiste en automobile, Georges Michel Fraichard. Naturellement les deux hommes partent un peu à l'aventure, sans avoir eu le temps de reconnaître le parcours.

La Comète n'est pas adaptée au terrain, avec entre autres un circuit montagneux de 325 km, concocté entre Gap et Monaco. Les routes sont parfois enneigées et mal dégagées. Un montage de chaînes est nécessaire par endroit, pour pouvoir passer l'obstacle. Pierre va aller à la faute « d'une touchette », avec pour tout dégât d, une calandre légèrement cabossée. Le rallye se termine par une « spéciale », sous la pluie, sur le circuit urbain, généralement réservé aux monoplaces.

A partir de là, la 60e place au scratch de Levegh-Fraichard, sur les 272 voitures ralliant l'arrivée, n'est que purement anecdotique. La mission première, étant de finir sans encombre.

Levegh, fait ensuite sa rentrée sur piste, à l'occasion de la Coupe de Paris, disputée à Montlhéry le 17 avril. Il s'agit d'une épreuve de « formule libre », dans laquelle nous retrouvons engagées, 7 monoplaces et 16 voitures de Sport. Pour l'occasion Pierre, ressort sa Talbot Grand Sport, qu'il utilise maintenant depuis 3 ans. Comme souvent dans ce type d'épreuve, l'AGACI, se limite à une course de 100 km, pour 16 tours.

Encore une fois sur son circuit fétiche, Pierre, se montre à l'aise aux essais. Il réalise le 2e temps, dernière Duncan Hamilton qui vient pour l'occasion de toucher une type D. Nano Da Silva Ramos sur une Gordini TS 43 d'usine se place en 3e position.

Sa course est moins convaincante. La victoire, se limite à un duel entre la Gordini T16 monoplace d'André Pilette et la Jaguar D d'Hamilton. Le belge établit le meilleur tour en course en 2'16''5, et finit par l'emporter sur l'anglais avec 16'' d'avance. Derrière François Picard sur Ferrari 750 Monza décroche la 3e place devant la Ferrari 375 de l'écurie Rosier d'Alfonso de Portago. Luigi Piotti, Ferrari 750, souffle sur la fin, la 5e place visée par Pierre Levegh, finalement 6e.

Pierre, est invité comme témoin en Lombardie, plus précisément à Brescia, pour faire connaissance de ses futurs coéquipiers. Comme promis, Mercedes est fin prêt pour cette 22e édition des Mille Miglia du 30 avril au 1er mai. Deux 300SL sont là, pour épauler les quatre 300SLR flambantes neuves. Jamais une édition, n'a rencontré un tel succès. 662 voitures sont inscrites, 534 prendront le départ, et 279 franchiront la ligne d'arrivée. La difficulté de l'épreuve, n'est pas une légende.

Pour sa rentrée Daimler-Benz a mis le paquet. Neubauer, et ce n'est pas dans son habitude, a laissé le choix à ses pilotes, de partir seul ou en équipage. Fangio et Kling ont souhaité partir sans navigateur, Moss est accompagné du journaliste Denis Jenkinson, et Herrmann par Eger pour les quatre 300SLR. Fitch et Gendebien sont secondés de Gossell et Washer sur les 300SL.

Compte tenu du nombre d'engagés, les départs sont échelonnés de minute en minute, en commençant à minuit, jusqu'à près de 8 heures du matin. Pour contrer l'armada allemande, Ferrari dispose de 5 machines d'usine, ainsi que 12 privées, de tous types. Les autres marques, n'ont pour ambition que de viser les victoires, dans les catégories annexes.

Le début de course, est favorable à la scuderia. Castelotti tourne à la moyenne fantastique de 192,414 km/h et pointe à Ravenne avec 1'50" d'avance sur Moss. Avec une météo favorable, les pneus vont-ils résister à la furie des pilotes ? Un début de réponse est apporté par Paolo Marzotto qui déchappe à 250km/h. Les Englebert, équipent les Ferrari et visiblement souffrent plus, que les Continental chaussant les Mercedes. Eugénio Castellotti doit lever le pied, pour ménager la gomme.

Piero Taruffi, reprend le rôle de premier chasseur, derrière Stirling Moss. Il prend le commandement à Pescara, mais doit le céder de nouveau à Ancone. A mi-course, les deux 300SLR d'Herrmann sur fuite de carburant et de Kling, sur accident, sont éliminées l'une après l'autre, du côté de Rome.

À ce moment, Taruffi accuse un retard d'1'52"sur Moss. Le suspense reste entier pas mais pour longtemps, le romain doit renoncer, la pompe d'alimentation et la transmission de la Ferrari sont hors d'usage. Pendant ce temps Moss, froisse un peu de tôle sans gravité, et Fangio avec des problèmes d'injection, voit son moteur, tourner ponctuellement sur 7 cylindres.

Le dernier tronçon Cremone-Mantoue-Brescia, reste favorable à la marque à l'étoile. Moss le boucle à 198,496 km/h de moyenne, Fangio retrouve son « huitième cylindre » pour finir en beauté à la 2e place. La Ferrari de Maglioli sauve l'honneur de la scuderia, par une 3e place, avec 4 points précieux engrangé au championnat. Les deux 300SL de Fitch 5e et de Gendebien 7e, font également le doublé en Grand Tourisme.

Neubauer peut avoir un large sourire. Moss-Jenkinson boucle la distance de 1600km (mille-mille) en 10'07'48" à 157,650km/h, un exploit pour l'éternité. Les nouvelles 300SLR ont montré une résistance à toutes épreuves, une éliminée sur accident, une autre sur des soucis d'étanchéité de réservoir. Enfin Fangio, malgré un problème d'injection a terminé second. Il ne reste plus, qu'à peaufiner en vue des 24 du Mans.

Des séances d'essais sont prévues les 7 et 8 mai à Hockheim, Levegh est prié de rejoindre l'équipe. Fangio et Kling, sont absents, Herrmann et Moss, vont pouvoir faire découvrir, les nouvelles 300SLR à Fitch et Levegh. L'équipe vient pour travailler en parallèle, la mise au point de 3 formules 1 et de deux protos sports, Moss se consacre aux monoplaces.

Hockheim se situe à 25 km au sud d'Heildelberg. Le circuit construit au milieu d'une forêt, sur 6 km825 est extrêmement rapide ce qui le rend particulièrement dangereux. La ligne droite départ/arrivée est courte, avec un premier virage à droite ''Nordkurve'' qui débouche sur une longue ligne droite, seulement entrecoupée d'une chicane. Les pilotes reviennent ensuite par la courbe ''d'Cst'' suivie d'une deuxième ligne droite, toujours avec une chicane, pour déboucher sur la seule partie technique du circuit, composée de trois virages serrés.

 Le samedi, les formules 1, tournent dans un premier temps, sous le regard de Rudolf Uhlenhaut, directeur technique, qui va également prendre le volant. John Fitch, se met en piste à 17h45 avec la SLR pour 10 tours. Il réalise les chronos suivants : 3'40'', 2'53'', 2'46''5, 3'02'', 2'44'', 2'41''5, 2'43'', 2'40'', 2'35'' et 2'38''.

Puis c'est au tour de Levegh toujours sur 10 tours, avec les performances suivantes : 3'43'', 2'53'', 2'48''5, 2'43''8, 2'47''5, 2'39''5, 2'40''5, 2' 33'', 2'32''2 et 2'51''.

Avant de tirer des conclusions, John et Pierre découvrant à la fois la piste et la voiture, il est intéressant de suivre Hans Herrmann, qui lui connaît les deux. 2'33'', 2'17''4, 2'16''5, 2'16''. 2'15''8, 2'14''8, 2'15'', 2'14''6, 2'14'', et 2'21''.

En y regardant de près, on s'aperçoit qu'un gouffre s'est creusé, entre les temps d'Herrmann et ceux de Fitch et de Levegh. Deuxièmement, Hans est beaucoup plus régulier, dans ses tours que l'américain et le français. Là encore il est difficile d'en tirer des conclusions, définitives. Certains pilotes souhaitent à un moment donné se tester sur la vitesse, et à un autre sur le comportement d'un véhicule qu'il découvre Toujours est-il que le stand s'attendait à des chronos de 3 à 4'' plus rapide, de la part des deux néophytes.

De plus, il est difficile d'avoir les impressions de Levegh, déjà d'un naturel taiseux, avec la barrière de la langue. Le Français ne s'exprime ni en allemand, ni en anglais. Néanmoins, il fait part d'un certain malaise dans sa position de conduite. Pierre avec la Talbot, conduit avec le volant positionné à droite et non à gauche, comme sur la Mercedes.

Deuxième séance, le soir en prévision de la conduite nocturne au Mans. Bizarrement seuls Fitch et Moss sont conviés à prendre le volant sur les SLR dans un premier temps, avant qu'Hermann ne finisse les essais seul. 2 séries sont programmées pour les pilotes une première de 7 tours et une seconde de 6 tours.

Fitch réalise : 2'49'', 2'48''5, 2'55'', 2'59'', 2'46''5, 2'45'', 2'42''8. Puis : 2'43'', 2'41''6, 2'38'', 2'37'', 2'38'' et 2'40''5.

A comparer avec Moss : 2'23'', 2'22''3, 2'21''4, 2'20''4, 2'19''3, 2'19'', 2'20''. Puis 2'18''3, 2'18''1, 2'18''3, 2'18''1, 2'17''3 et 2'18''1.

Pour Stirling, la lecture des deux séries est particulièrement aisée. Dans la première, il monte crescendo en puissante, dans la deuxième, il est d'une régularité de métronome. Pour Fitch, la première série est médiocre et particulièrement irrégulière, la seconde est meilleure en régularité, sans atteindre des sommets chronométriques, loin s'en faut !

Pour finir Herrmann, tourne, avec la même régularité que Moss aux alentours de 2'17''. Une chose est sûre, il est regrettable qu'Ulhenhof, n'ait pas pris le temps de faire tourner davantage Fitch et Levegh , en particulier de nuit. Les deux pilotes, déjà d'un niveau inférieur à leurs collègues, manquent trop de pratique, sur une auto qu'ils connaissent mal.

Pour Pierre passer de la Talbot à la Mercedes, c'est lâcher « un camion », pour un bolide performant. D'un côté 6 cylindres 4,5 litres, 250cv pour une vitesse maximum de 260 km/h, un poids de 1180 kg et une suspension arrière à ressort à lames. De l'autre 8 cylindres 3 litres, 290cv vitesse maximum 288 km/h, pour un poids de 900 kg et une suspension arrière à poussoirs avec amortisseurs, la nuance est de taille.

Le bilan de cette prise de contact, n'est pas très encourageant pour Pierre, il est plus négatif encore, pour Fitch. Néanmoins il est bon de rappeler que les 24 heures du Mans, sont avant tout une course d'endurance et non de vitesse. Pour l'endurance, Levegh, n'a plus rien à prouver.

Les essais d'Hockheim, sont aussi une mise au point, pour préparer le G.P d'Europe de F1 à Monaco 22 mai. Daimler-Benz a commencé de la meilleure des manières, le championnat du Monde avec la victoire de Fangio au G.P d'Argentine, le 16 janvier dernier. Pour cette 2e manche, Mercedes innove, en mettant à disposition de Fangio et Moss, deux W196 à empattement court, mieux adaptées aux rues étroites et sinueuses de la Principauté. La 3e W196 à empattement standard, est attribuée à Hans Herrmann.

Le week-end commence mal, Herrmann se fracture la jambe après une sortie de route, lors de la première séance d'essais.De ce fait, , André Simon, prévu dans un premier temps, pour courir sur Maserati 250F privée, rejoint l'équipe Mercedes. La voiture d'Hermann trop endommagée reste sur la touche. André fait donc la 2e séance d'essais, sur le « mulet » destiné dans un premier temps à Kling, celui-ci, n'étant pas encore remis de son accident des Mille Miglia.

« Les flèches d'argent », vont trouver avec les Lancia, un adversaire coriace. Fangio réalise la pôle en 1'41"1, mais simplement aux centièmes devant Alberto Ascari (Lancia D20). Moss complète la première ligne à 1/10 seulement. En deuxième ligne, Castellotti (Lancia) est à 9/10 et Behra, Maserati 250F d'usine, à 1"4.

Rapidement, les Mercedes s'installent au commandement de la course, avec Fangio devant Moss. André Simon, est éliminé brièvement pour un problème moteur. Rien ne bouge jusqu'au 50e tour stade de la mi-course. Soudain, Fangio s'arrête ressorts de soupapes brisés. Moss prend la tête avec 1' d'avance sur Ascari, il peut gérer confortablement son avance.

Alors que la victoire se dessine, un panache blanc sort des échappements de la Mercedes au 81e tour, la distribution est touchée. Ascari, prend les commandes, il n'a même pas le temps d'être prévenu par son stand, qu'il plonge dans le port au niveau de la chicane. Les freins de la Lancia n'ont pas tenu la distance. Heureusement des plongeurs, ramènent rapidement Alberto sur la rive.

À la surprise générale, Maurice Trintignant sur une ancienne Ferrari 625 d'usine, l'emporte devant Eugenio Castellotti (Lancia) à 20''et Jean Behra 3e à 1 tour. Il s'agit là de la première victoire d'un français dans une épreuve du championnat du monde des conducteurs, depuis sa création en 1950.

Le monde de la course automobile est en deuil. 4 jours après avoir échappé à la mort, Alberto Ascari, considéré comme le meilleur pilote de la planète derrière Fangio, se tue en essais privés à Monza.

Daimler-Benz doit revoir ses plans pour les 24 heures du Mans. Herrmann est immobilisé pour plusieurs semaines, Neubauer, confirme la titularisation d'André Simon à sa place.

De son côté Levegh, toujours obsédé par sa préparation, loue une Ferrari 625, pour participer au G.P d'Albi de Formule 1 du 29 mai prochain.

Il s'agit naturellement d'une épreuve hors championnats, avec Gordini comme seule écurie d'usine présente. Au même moment, Mercedes peaufine les derniers réglages des SLR, dans la Coupe de l'Eifel disputé sur 228 km au Nürburgring.

Comme à Hockenheim, Pierre est confronté à une voiture qu'il ne connaît pas. Même si une Ferrari identique, a permis à Trintignant, de l'emporter la semaine précédente à Monaco. Sans l'assistance de l'usine, la 625 est loin d'être la plus performante du plateau.

Sur les 11 voitures engagées, outre les trois Gordini T16, de Jacques Pollet, d'Elie Bayol et Robert Manzon, Il y'a deux Maserati 250F de l'écurie Rosier, pour « Louis » et André Simon. Les autres 250F sont celles utilisées l'an passé par Stirling Moss et engagées par le père du champion pour Lance Macklin, sans oublier celle d'Horace Gould.

Sans surprise, Levegh réalise le 8e temps des essais, derrière l'ensemble des Maserati et des Gordini. Plus inquiétant sur les 3 km du circuit « des planques », il concède 5''1/10 à Simon, auteur de la pole en 1'18''1. La course de 105 tours est conforme aux essais. André Simon, boucle le meilleur tour en 1'17''1 et survole l'épreuve en laissant son second Louis Rosier à 1 tour. Derrière Horace Gould, finit 3e à 2 tours, devant Jacques Pollet 4e à 3 tours.

Levegh de son côté, n'a jamais joué aucun rôle pour les premières places. Toutefois, il bénéficie des différents abandons, pour figurer au 5e rang à 4 tours. Seul Giorgio Scarlatti sur une Ferrari 500 de formule 2, termine derrière lui à 27 tours… et non classé !

À « l'Eifel », Mercedes se teste grandeur nature, face à Jaguar présent par l'intermédiaire de l'écurie « Ecosse », qui engage deux types D. Le duel n'a pas lieu, Les deux voitures sont éliminées aux essais à la suite de problèmes de freins. Plus grave, l'irlandais Desmond Titterington et l'écossais Jimmy Stewart sont sérieusement blessés privant ainsi, la firme de Coventry de deux excellents pilotes, en prévision des 24 heures du Mans. Pour Jimmy Stewart *(frère ainé de Jacky, futur triple champion du Monde)*, cette course, marque pratiquement la fin de sa carrière. Il fera sa rentrée quelques semaines plus tard à Silverstone, pour un nouvel accident. Cette fois, il ne reviendra plus à la compétition.

Du coup, les SRL monopolisent la grille aux essais avec les 3 meilleurs temps, pour Fangio, Moss et Kling, dans cet ordre. La course, ressemble à un défilé pour Mercedes. L'épreuve, emprunte la grande boucle du Nürburgring, sur 22 km800, à boucler 10 fois. Fangio entraîne Moss dans ses roues, jusqu'au bout pour le doublé. La firme à l'étoile, aurait même pu faire le triplé, si une fuite d'huile, n'avait pas retardé Kling, 4e à 5'15''. La Ferrari 250 Monza d'usine de Masten Grégory, termine 3e à 4'41''.

Le Mans approche à grand pas, néanmoins il reste avant, le G.P de Belgique, le 5 juin sur le circuit de Spa Francorchamps. Après la déroute de Monaco, Daimler-Benz doit remettre les pendules à l'heure. Suite à la mort d'Ascari, Lancia s'est retirée de la compétition, néanmoins elle présente « officieusement » deux D20 pour Eugenio Castellotti et Luigi

Villoresi. Chez Mercedes Kling récupère son volant auprès de Fangio et Moss. Ferrari se positionne avec 4 Ferrari 555 « squalo », et Maserati avec quatre 250F officielles, plus 2 privées, dont celle de Rosier.

Castellotti fait fort aux essais, en bouclant les 14,120 km du circuit en 4'18"1. « Le play-boy » italien, laisse le « maestro » Fangio à 5/10 et Moss à 1"2/10. La course est beaucoup plus limpide, Fangio prend la tête dès le début devant Moss. Eugenio essaye de garder le contact jusqu'au 16e tour, avant que sa boîte de vitesses ne le lâche.

Dès cet instant « les Mercedes-boys » ne sont plus inquiétés. Après 36 tours de 508 km302, Fangio laisse Moss à 8"1/10. « El Dotore » Farina sur sa Ferrari finit 3e, mais à 1'40"5/10. C'est dire la domination des « flèches d'argent.

Mercedes, Numbers one, en formule 1, qu'en est-il en sport ? La réponse est pour maintenant, avec les 24 heures du Mans des 11 et 12 juin. Jamais l'épreuve mancelle n'aura présenté une telle affiche, avec 3 favoris partant pratiquement à égalité de chance, Ferrari, Jaguar et Mercedes. Pas « de grand film » sans grand second rôle, les outsiders, s'appellent Aston Martin, Cunningham et Maserati.

60 voitures sont conviées, il faut donc trouver au minimum 120 pilotes. Dans un sport, qui ne compte pas plus de 15 professionnels à temps complet, et une vingtaine à temps partiels, il faut combler le déficit avec 80 ou 90, « gentlemen drivers », ou purs amateurs.

Nous avons vu les difficultés, pour Mercedes à boucler « son casting ». À quinze jours de la course, Jaguar se retrouve dans la même situation. 3 type D d'usines, sont engagées et il faut remplacer au pied levé Tiggleton et Stewart. Pas besoin de préciser, qu'il ne reste sur le marché, ni première, ni deuxième lame, il va falloir trouver deux « troisième couteaux ».

Jaguar, se tourne vers Yvor Bueb et Norman Davies. Le premier est un londonien de 32 ans *(bien qu'il en fasse 10 de plus)*, qui a débuté en 1953 au volant de formule 2 et de formule 3 sans succès. Il s'est fait remarquer au début de l'année 55, en remportant des « courses de clubs » au volant d'une Cooper T39 sport à Brands Hatch et Crystal Palace. Le second n'a aucune expérience de la course, mais il est le « pilote d'essai » attitré de chez Jaguar.

Non, des pilotes amateurs, aux différences entre petites et grosses cylindrées, les 24 heures du Mans ne sont décidément pas, une course comme les autres…

Chapitre 14

LE CIRCUIT DE LA PEUR

Nous l'avons vu, avec 3 favoris et 3 outsiders, la liste des vainqueurs possibles est incertaine. Il est bon, de comparer les forces de chacun, aussi bien au niveau matériel qu'humain. Quand les mécaniques sont proches, ce sont les hommes qui font la différence.

Ferrari, vainqueur en 1949 et 1954, présente 3 Ferrari 121 LM de 4,4 litres de cylindrée. Sa force, une puissance de 330 chevaux supérieure à celle de ses rivaux. Une équipe de pilotes homogène composée, de Phil Hill-Maglioli, Castelellotti-Marzotto et Trintignant-Schell. De plus la scuderia peut s'appuyer sur deux 750 Monza de Lucas-Dreyfus et Grégory-Sparken.

Jaguar, vainqueur en 1951 et 1953, aligne 3 nouvelles type D « long nouse » de 3,4 litres, retravaillées par Harry Weslake et portées à 280 chevaux. Pas besoin de vanter les qualités d'aérodynamisme et de freinage du modèle, même si la tenue de route est parfois délicate, sur les parties techniques. L'équipe pilote est affaiblie, malgré la présence de l'équipage vedette Rolt-Hamilton. Avec Mike Hawthorn, il dispose d'un « Top 5 » mondial, mais que va donner son association avec Bueb ? Le tandem Beauman-Dewis, parait bien léger. Autre rançon du succès de la type D, l'écurie Cunningham en a fait l'acquisition pour Walters-Spear. L'écurie Francorchamps, fidèle à la marque anglaise, en aligne une, pour Swaters-Claes.

Mercedes, vainqueur en 1952, crée l'évènement avec une polémique à suivre. Surprise, les 3 SLR attendues, sont équipées d'un nouveau système de freinage complémentaire, sous forme d'un volet d'intrados, monté sur deux vérins actionnés par le pilote à l'aide, d'une commande indépendante. Bien entendu, ce mécanisme, a pour but de soulager le circuit principal « à tambours », et de contrer la supériorité des Jaguar avec leurs freins à disques. Daimler-Benz, possède les deux meilleurs pilotes au monde, Fangio et Moss, en association. L'équipage Kling-Simon, devrait tirer son épingle du jeu, le duo Levegh-Fitch, parait à la fois plus fragile et pas forcément complémentaire.

Aston-Martin, 3e en 1951, la firme de David Brown, progresse incontestablement d'année en année, la DB3S arrive maintenant à maturité. Le manque de puissance 225 chevaux, et de vitesse de pointe (225 km), ne sont pas un obstacle insurmontable sous la pluie, si la fiabilité est au rendez-vous. Ce fut rarement le cas, jusqu'à présent. L'équipe pilote avec Collins-Frère, Salvadori-Walker et Brooks-Risley Prichard, est la meilleure du plateau avec celle de Ferrari.

Cunningham, 3e en 1953 et 1954, les américains ont remisé leurs vieilles C4R, pour présenter une nouvelle C6R d'inspiration Jaguar. Le moteur Offenhauser, dérivé d'un bloc indy, n'est pas un gage de garantie, comparé au Chrysler jusqu'à présent utilisé. Briggs Cunningham sera secondé par Sherwood Johnston.

Maserati, n'a pas de référence au Mans, néanmoins la marque au trident, aligne deux 300S de 3 litres, dérivées de La 250F de formule 1. Avec Mieres-Perdisa et Musso-Valenzano, on peut peut-être s'attendre à quelque chose.

« Les françaises », par l'intermédiaire de D.B et Monopole, vont viser uniquement l'indice de performance. Pour le combat à la distance, signe des temps, seules restent une Talbot T26 GS, et 2 Gordini T24S de 3 litres.

Toutes ces machines, sont naturellement présentées en centre-ville, le mardi 7 juin 1955, pour le pesage aux Quinconces des Jacobins. Le nouveau frein d'intrados des Mercedes, sous le regard perplexe des contrôleurs, suscite discussion et controverse de la part des concurrents en général et Lofty England en particulier. Il est reproché au système en position haute, de masquer la visibilité d'une voiture, placé dans l'aspiration des SLR. Pierre Levegh, est surpris par un photographe, assistant à scène, dans un « look homme d'affaires », avec veste et cravate.

Après négociation, Mercedes propose de percer « deux lucarnes » dans les volets, recouverts d'un plastique translucide. Les mécanos exécutent le travail pendant la nuit, pour que les pilotes, puissent prendre le volant des premiers essais, dès le mercredi.

Le mardi soir, Levegh accompagné de son épouse Denise flanquée de son caniche gris, propose à son partenaire de volant John Fitch de l'inviter au restaurant. Celui-ci, accepte bien volontiers, néanmoins la conversation pendant le repas, reste concise. Pierre ne parle pas un mot d'anglais, et John bredouille en français.

Pierre, pour les essais, innove dans son équipement. Il a fait venir des Etats-Unis, un nouveau type de casque, utilisé par les pilotes de l'U.S Air Force. Il s'agit d'une première en Europe, dans les courses automobiles. Le traditionnel « bol », sans protection latérale ni nucale, perdure pendant 5 ans, avant que le casque « type Levegh » ne devienne la règle.

Les séances d'essais s'enchaînent. Le mercredi Fangio, prend « le mulet » SLR en vue d'une mise au point, et pour tester la modification sur l'intrados. Il se contente d'un modeste temps de 4'31'' à 179 km/h. Un certain nombre de pilotes se posent des questions, à commencer par Levegh sur la sécurité du circuit.

Alors que le jour décline, Moss en sortant des stands rabote la petite D.B de Claude Storez, qui termine sa course dans un poste d'observation. Jean Behra, discute au même moment avec deux journalistes le long de la piste. Des trois hommes fauchés par l'accident, on relève Behra blessé au visage et à la jambe droite. Transporté à l'hôpital, il déclare forfait pour la course qu'il devait courir sur Maserati.

Complètement rénové, pour la première édition d'après-guerre, le Circuit des 24 heures, passe à juste titre, pour un des plus sûrs au monde. En 1949, André Simon sur Delahaye, établit le record du tour sur le circuit restauré, en 5'12"5 à 155,427 km/h de moyenne. 6 ans plus tard, Fangio tourne à plus de 189 km/h. L'entretien régulier et les améliorations, font parties des principes de l'ACO. Après les esses d'Indianapolis, l'an dernier, la partie entre le Tertre Rouge et Maison Blanche se voit cette année entièrement resurfacée. Le spectateur, n'est pas oublié, un tunnel pédestre est aménagé, sous la route Le Mans Tours, dans les Hunaudières, juste avant Mulsanne.

La partie qui fait débat, est la ligne droite devant les tribunes. La piste à cet endroit ne mesure pas plus de 9 mètres de large, auxquels il faut retirer 2 mètres, neutralisés pour accueillir les voitures Les Stands comme de nos jours, ne sont pas indépendants de la course, avec une zone de décélération, spécialement aménagée. Les mécaniciens et autres commissaires de piste, travaillent avec des bolides qui les frôlent, pied au plancher. On a vu le résultat, avec Jean Behra !

Avant la tour de chronométrie une légère courbe, apparemment anodine, se prend pour les meilleurs à 250 km/h. Sauf que cette courbe, masque en grande partie l'entrée des stands, qui sont placés en faux plat montant, juste derrière. Dans moins de 72 heures, ce détail, va prendre une importance considérable.

Un nouvel accident marque les essais de jeudi Peter Taylor, perd le contrôle de l'Arnott N°45 au niveau de la courbe Dunlop. La voiture fait plusieurs tête-à-queue, se retrouvant partiellement détruite par le choc dans les fascines. Taylor, n'a rien, mais ne pourra pas s'aligner au départ de la course.

Jamais deux sans trois, lors de la séance du vendredi, la Gordini N°17 d'Elie Bayol, sort de la route entre Arnage et Maison Blanche. Entre « chien et loup », la perception en semi-nocturne est délicate. La Mercedes N°20 arrive, Levegh fait des appels de phares, au même instant, pour doubler la Lotus N°48 de Colin Chapman. Pierre, s'infiltre de justesse au dernier moment, entre les deux véhicules. Après être descendu de voiture, sous le coup de l'émotion, il peste contre la signalétique : « Il n'y avait aucun commissaire de piste à cet endroit, je roulais à 250, nous avons eu chaud, nous aurions pu y passer tous les trois ! » Une phrase qui ne va pas manquer d'être reprise, amplifiée et déformée après la course !

Elie Bayol éjecté de la Gordini, blessé à la tête, est transporté d'urgence à l'hôpital. Comme pour Behra, sa course est terminée. Le sort semble s'acharner sur les français. Louis Rosier peu satisfait des performances de sa monture, décide de déclarer forfait. C'est la fin d'une époque pour Talbot-Lago. La marque reviendra l'an prochain, mais équipée d'un moteur Maserati.

Les meilleurs temps des Mercedes, dans cette dernière journée d'entraînement, ne manquent pas d'intérêt :

Essais de jour	Essais de nuit
Simon : 4'14"5	Moss : 4'16"1
Moss : 4'15"1	Simon : 4'17"5
Fangio : 4'17"5	Fangio : 4'19"3
Levegh : 4'30"5	Levegh : 4'31"5
Fitch : 4'31"8	Fitch : 4'33"8
Kling : 4'34"0	Kling : 4'39"0

Deux blocs de performances apparaissent nettement, . La bonne surprise, vient d'André Simon, qui se montre au moins l'égal de Fangio et de Moss, alors qu'il a découvert la 300SLR peu de temps avant. Un gouffre sépare, Levegh et Fitch du trio de tête, confirmant ainsi les essais d'Hockheim, avec un John, un ton en dessous de Pierre. La mauvaise performance de Kling, selon une explication des stands, est due à un problème moteur. Il est étonnant que l'allemand, rencontre un même problème dans les deux séances ?

Les Mercedes ont frappé fort. André Simon en particulier, le record de la piste établi l'an dernier par Froilan Gonzales en 4'16"8, n'est déjà plus qu'un souvenir. Chez Jaguar Lofty England fait bonne figure, bien que la meilleure type D, piloté par Hawthorne ne réalise que 4'23". De plus Bueb n'a que peu tourné.

Tout semble réglé, c'est sans compter sur Eugenio « Bello » Castellotti. Le sprinter transalpin, plus amoureux de F1 que d'endurance, boucle un tour en 4'14"1 à près de 191 km/h de moyenne sur sa Ferrari 121 LM. Le suspense pour la course, reste entier.

Le départ de la course approche, le samedi vers midi et demi, Neubauer fait une démarche inattendue. Il rencontre Charles Faroux, le directeur de course, pour lui faire part de ses préoccupations. Est-ce l'analyse de Levegh et de quelques autres qui le fait réfléchir ? Toujours est-il, qu'il revient sur le problème de la piste devant les stands, sur l'embouteillage humain à cet endroit, et sur la difficulté pour les pilotes d'identifier le panneautage de leur équipe. Faroux n'en disconvient pas, néanmoins, mais fait remarquer, qu'il n'a pas de solution à moins de 3 heures du départ.

15h40, les 60 voitures sont placées en ordre de bataille. Pour pallier les différents forfaits, dont les 2 Moretti Grand Sport, le matin même, l'ACO puise dans 5 concurrents de réserve.

15h55, les pilotes sont positionnés dans leur cercle de départ, séparés d'une dizaine de mètres de leurs machines inertes. Levegh, casque rouge, vêtu d'un pantalon et d'un maillot d'un blanc immaculé, se tient à moins de 5 mètres de Fangio.

Fangio au départ, c'est le scoop du moment ! Pourquoi Neubauer n'a pas choisi Moss, dont les qualités de sprinter, et de réactivité dans le démarrage d'un moteur, ne sont plus à démontrer ? « Le Maestro » a t'il profité de son statut de « Number One », pour peser sur la décision ? Toujours est-il que cette stratégie, va changer la course.

Le ciel est parfaitement dégagé, le comte Maggi, créateur et organisateur des Mille Miglia, abaisse le drapeau tricolore. Les pilotes bondissent de leur cercle, les « ferraristes » réagissent en premiers, Castellotti d'abord suivi de près par Maglioli. Ensuite, en 3e et 4e position les Jaguar de Beauman et d'Hawthorne. Levegh, a parfaitement réussi son départ, il est 7e entraînant dans son sillage, son coéquipier Kling.

Et Fangio ? L'argentin a voulu jouer « les Moss », en sautant par-dessus la portière sans l'ouvrir. Résultat, la jambe droite de sa combinaison, s'est prise dans le levier de changement de vitesses. Le temps de se dégager et la Mercedes N°19, démarre en fin de peloton.

Juan Manuel Fangio, sans doute vexé, par le ridicule de la situation, attaque comme un beau diable. Au milieu du trafic, il pointe déjà en 14e position, au premier passage. Autre fou furieux, « le bel Eugenio » pousse au maximum sa Ferrari. Avec un réservoir plein de 200 litres de carburant, il bat le record du tour dès la 2e boucle en 4'16"7 à 189,213 km/h de moyenne.

Suivant la tactique élaborée par Lofty England, la Jaguar d'Hawthorne doit servir de lièvre pour Rolt-Hamilton. La N°6 passe à 200m de la Ferrari N°4., Fangio revient en 4e position dès la fin du 3e tour. Au 5e tour, il améliore le record de Castellotti en 4'15"6. Levegh a doublé l'Aston Martin de Salvadori, et est désormais 6e, toujours flanqué de l'autre Mercedes de Kling.

Déjà les petites cylindrées, concèdent un tour aux voitures de tête. Fangio s'offre la 3e place de Maglioni. Au 7e tour, Hawthorne revient très près de Castellotti.

Fangio, boucle le 9e tour en 4'13"7, puis le 10e en 4'10"8, pour deux nouveaux records à 191,451 km/h et 193,664 km/h de moyenne. Au 12e passage le « Maestro », attaque et double Hawthorne devant la tribune des stands, le public est aux anges. « C'est qui le patron !!! »

C'est insupportable, pour Mike Hawthorne, au nationalisme à fleur de peau. Devancé par une Mercedes et qui plus est, celle de Fangio, l'affront doit se laver rapidement.

Mike, fait partie de cette jeune génération de pilotes britanniques, aux multiples talents, qui comptent les Brooks, Collins, Moss et autres Salvadori. Roy, le dernier cité, a déjà passé la trentaine, les quatre autres, ont entre 23 et 26 ans. Tony, le plus jeune, ne demande qu'à éclore. Stirling le plus doué, est aussi le plus travailleur. Peter,s'est assagi, depuis qu'il forme un magnifique couple avec sa fiancé, l'actrice américaine, Louise Cordier King. Peter, est aussi très proche de Mike.

Hawthorne, devient l'idole des jeunes anglais et surtout … des jeunes anglaises ! Sa haute stature, 1m88, son look soigné casquette plate, pipe au bec, sa tenue pour courir reconnaissable entre toutes, font déjà partie de la légende. Excentrique, il porte sur sa combinaison de pilote un éternel blouson vert anglais, rehaussé d'un nœud papillon.

Original, coureur de jupons, mais aussi tête brûlée, résument le mieux le personnage. Son plus grand fait d'arme, à ce jour, est d'avoir battu sur le fil le « grand Fangio », lors d'un final à vous couper le souffle, au G.P de l'ACF à Reims en 1953. Il faut préciser, que dans cette course, appelée un peu abusivement « course du siècle », le « Maestro » a connu quelques soucis de boîtes. Bref ses supporters, le présente depuis cette date, comme futur roi.

Mike est incontestablement très doué, il est ponctuellement capable d'être au niveau d'un Fangio ou d'un Moss, néanmoins ses prestations sont trop irrégulières, pour être à la hauteur des deux autres. Son ami Peter Collins, parait même un ton au-dessus, mais reste moins ambitieux que « l'idole des jeunes », pour pouvoir rivaliser.

Pour en revenir à la course, Mike sait qu'en dominant Fangio, il va marquer des points dans l'opinion public. Une lutte directe contre Moss aurait moins de saveur. Fangio, de son côté, doit faire oublier sa bévue du départ.

Bref tous les ingrédients sont réunis, « pour un duel au soleil », jusqu'au premier ravitaillement. C'est d'autant plus ridicule et stupide, qu'après le passage de relais, on voit mal Yvor Bueb, faire le poids contre un Stirling Moss.

La réponse du « grand blond au blouson vert », se veut cinglante. Alors que nous bouclons la première heure de course, il décroche au 14e tour, la 2e place. Castellotti, toujours devant n'a que 5'' d'avance, sur le duo Hawthorne, Fangio. Maglioli passe 4e à 55''devant la type D de l'écurie Cunningham à 1'23''. Sagement derrière, les Mercedes de Kling et Levegh, ont inversé leur position aux 6e et 7e rang, et respectent parfaitement le tableau de marche, imposé par le stand. De manière étonnante, pour l'instant toutes les mécaniques tiennent.

Au 16e tour Mike, pousse sa Jaguar à la limite, pour doubler la Ferrari de Castellotti. Fangio saute l'italien, pour rester dans les roues de l'anglais, et porte le record à 194,508, puis à 195,222 et à 195,359. L'Argentin se déchaîne, prend la tête au 18e tour à la hauteur de la courbe Dunlop. Hawthorn va à la faute, la « Jag » chasse en sortie de virage, touche le sable, il la rattrape au dernier moment. Le temps de se remettre, la Mercedes prend 50''d'avance au 20e tour.

Au 28e tour, Mike réagit en 4'06''6 à 196,963 km/h de moyenne, soit 10'' plus vite que Gonzales l'an dernier. Le record du tour vient de tomber une 9e fois, pour être fixé définitivement.

Il est 18 heures, après 2 heures de course, les positions sont les suivantes : Fangio mène après avoir bouclé 29 tours, à 1'' passe Hawthorne, qui va dans quelques instants redoubler l'argentin. Castellotti s'essouffle en 3e position, son retard avoisine la minute. Maglioli tient toujours sa 4e place à 2' de son coéquipier. Il est sous la menace à une vingtaine de secondes de Kling 5e, toujours suivi comme son ombre par Levegh 6e. Les 3 types D, 7e, 8e et 9e, de Walters, Rolt et Beauman sont déjà à un tour. On ne dénombre qu'un seul abandon, la Kieft Climax N°39 de Baxter-Duley, sur problème d'alimentation.

Il est temps de penser aux ravitaillements. Castellotti est le premier des leaders à s'arrêter. Il échange avec Marzotto, avant que celui-ci ne reprenne le volant. L'optimisme n'est plus de rigueur dans le stand Ferrari, le moteur donne des signes de fatigue. L'arrêt dure 1'30''.

Au 31e tour, le stand Jaguar présente le panneau « horloge à 3 heures » pour la numéro 6, signifiant retour au stand. La tête dans le volant Hawthorne l'a-t-il vu ? Toujours est-il, qu'au tour suivant le panneau lui est présenté une seconde fois. Mike n'a qu'une obsession passer le relais devant la Mercedes de Fangio. 33e tour, le panneau est de nouveau agité, grand geste à l'appui i, la panne sèche n'est pas loin.

À la hauteur d'Arnage, Hawthorn prend un tour à Levegh et Kling. Il a creusé, un petit écart de quelques secondes sur Fangio, il va pouvoir rentrer tête haute au stand, mission accomplie…

Chapitre 15

VOYAGE AU BOUT DE L'HORREUR

Hawthorne, aperçoit l'Austin Healey N°26, de Lance Macklin à hauteur de Maison Blanche. Il estime qu'il doit la passer, pour éviter un retour prématuré de Fangio devant les stands. L'Austin plafonne à 215 km/h, pendant que la Jaguar frise les 250 km/h à cet endroit.

Lance fait sa course avec une 2,7 litres, il passe au moins autant de temps, à regarder dans ses rétros, qu'à regarder devant lui. Il va concéder un cinquième tour. La Jaguar grossit, suivie des « deux flèches d'argent », sans qu'il puisse identifier les numéros. Lance se serre au maximum à droite, sur la ligne de corde, pour dégager la voie.

La Jaguar, attaque l'Austin juste avant le virage à droite précédant la ligne de chronométrie. Macklin avoue après la course : « Je me suis dit c'est super Mike est devant ! Sans me douter un seul instant, qu'il allait s'arrêter au paddock, compte tenu de sa vitesse ».

Juste avant Kling, fait signe à Levegh de le doubler, en indiquant qu'il rentre au stand et commence à sortir ses aérofreins. Hawthorne se rabat, brutalement devant Macklin en utilisant probablement le frein moteur pour temporiser et économiser les disques. Le temps que Lance, voit les feux stop de la Jaguar s'allumer et ne comprenne la manœuvre, il est déjà trop tard ! L'Austin est équipée de disques, mais de première génération, à une seule garniture, et de moindre dimension, donc beaucoup moins puissants, que les doubles étriers montés sur la Jaguar.

Macklin se voit percuter la type D, bloque ses freins et donne un violent coup de volant sur la gauche. Levegh arrive plein pot, freine sans avoir le temps d'utiliser, ses aérofreins, mais lève le bras pour signaler le danger à Fangio. Il n'y a plus de place à gauche, l'instinct de l'argentin et sa bonne étoile veillent sur lui. Sans freiner, il plonge à droite dans un trou de souris, effleure l'Austin *(un filet de peinture verte sera découvert plus tard sur la Mercedes),* et poursuit sa route sans encombre.

Pour Levegh, c'est mission impossible. Acculé près de la butte en terre censée protéger les spectateurs, l'avant droit de la SLR percute violemment, l'arrière gauche de l'Austin, dont la partie incurvée sert de tremplin. Macklin voit passer la Mercedes à deux mètres au-dessus de sa tête, pour monter ensuite pratiquement à la verticale à une hauteur de 6 mètres, sectionnant au passage un câble. Une violente explosion s'en suit projetant, le train avant et le moteur dans la foule. Le reste de la carcasse, tombe à plat 25 mètres plus loin, sur la banquette de terre, pour une deuxième explosion avant de se consumer. L'horloge indique 18h28.

L'Austin continue sa course folle. Déséquilibrée par le choc, elle fait un demi-tour sur elle-même, frappe une première fois la banquette de terre, traverse la piste en toupie tournoyante, pour taper les fascines côté stand, fauchant au passage 3 personnes. Puis, elle vient mourir définitivement, côté butte en terre. Miraculeusement, aucune voiture n'est venue couper sa trajectoire. Macklin n'a aucune blessure apparente. Hagard, il sort du véhicule, saute par-dessus la banquette, pour s'éloigner du lieu de l'accident.

Dans le même temps, Hawthorn a raté l'entrée de son stand, pour venir s'immobiliser 40 mètres plus loin. Preuve qu'il est arrivé beaucoup trop vite, pour pouvoir s'arrêter dans de bonnes conditions. Tout ceci confirme les propos rétrospectifs de Macklin. Il sort par l'arrière du stand Cunningham, pour se précipiter affolé vers le sien. Bon nombre de témoins, disent l'avoir vu courir dans tous les sens, blanc comme un linge.

Lofty England, flegmatique, lui demande de se calmer. Mike hurle « C'est entièrement ma faute, je voulais rentrer au stand, avant que Fangio n'arrive » ! England lui rétorque qu'il n'y est pour rien, que c'est un incident de course. Conscient que la N°6 a dépassé son stand, et qu'il est impossible de la faire reculer, sous peine de disqualification, Lofty lui demande de reprendre le volant. « Non c'est terminé, j'arrête de courir » !

Finalement à force de persuasion, Mike finit par remonter en voiture pour un tour à vitesse réduite. Yvor Bueb, peut prendre le relais. Lucide sur l'enjeu et l'inexpérience de son pilote, England demande à Bueb, d'assurer, pour les 2 heures à venir, sans prendre de risque.

En face, devant la tribune Guy Bouriat, le paysage ressemble à un champ de ruines. Une bombe, n'aurait pas fait plus de dégâts. Quelques minutes plus tôt, des dizaines de personnes insouciantes, se tenaient perchées sur des chaises pliantes, escabeaux et autres bidons. Les jeunes enfants, sourire aux lèvres, juchés sur les épaules des parents, ne perdaient pas une miette, du duel entre Fangio et Hawthorn.

Maintenant, au milieu des gémissements, des cris, des plaintes, chacun s'affaire pour porter secours aux victimes. On manque de brancards, des échelles et des banderoles arrachées des fascines, font l'affaire. Les gendarmes, évacuent un corps en bord de piste, supposé dans un premier temps, être celui de Levegh. C'est celui d'une femme projetée par le souffle de l'explosion.

Les morts, se comptent par dizaines. Sur le point de chute, probablement 25, mais sans doute deux fois plus, à la suite de la projection du moteur et du train avant, sur 80 m. Des corps gisent sur une surface de l'ordre de 1000m2, souvent décapités. Les mutilations des blessés sont épouvantables. Une fillette, l'avant-bras sectionné, du sang giclant en abondance, va mourir dans quelques instants. Une mère perdue, porte dans ses bras son enfant sans tête. Un jeune homme agenouillé, pleure en tenant dans ses bras sa fiancée décédée. Le père Maillard, d'un collège de Laval, donne les derniers sacrements.

Des scouts en culottes courtes, sont venus renforcer les sauveteurs. Les micros crépitent, pour demander à tout personnel soignant, de rejoindre le poste de secours principal de la Croix Rouge. Les donneurs de sang du groupe universel, sont sollicités. Pour l'instant, seules 6 ambulances sont disponibles sur le circuit.

Un va et vient d'une heure et demie, se poursuit entre le circuit et les services hospitaliers du Mans. Face au manque de moyen sanitaire, les camionnettes des Comptoirs Modernes, chargées de l'approvisionnement des buvettes et de la restauration du village, sont réquisitionnées pour être transformées en véhicules de secours.

Bernard Gasnal responsable des opérations au sein des « Comptoirs » raconte *(extrait de 11 juin 1955 par Michel Bonté)* : « J'étais au volant de ma voiture personnelle et j'emmenais trois blessés avec moi. Derrière le convoi, le chemin m'a paru long, nos camionnettes, perdaient des flots de sang sur la chaussée, dans chaque virage. La morgue de l'Hôpital s'est révélée vite trop petite et nous avons fini par déposer des corps sur le trottoir. Les ambulances arrivaient sans cesse, dans la confusion, alors que j'avais gardé ma blouse blanche des « comptoirs », des personnes m'ont pris pour un médecin » !

Dans les stands, chacun commence à prendre la mesure de la tragédie. Chez Mercedes, les avis divergent, faut-il, ou pas continuer la course ? Ulhlenhaut, prend la décision d'alerter la direction à Stuttgart, mais toutes les lignes sont saturées, impossible de les joindre. Neubauer et Keser, décident alors de rencontrer Charles Faroux, pour évoquer un possible retrait. Charles Faroux 83 ans, toujours bon pied, bon œil, est secondé par Marcel Reichel, une discussion s'engage à quatre.

Faroux, cherche à dissuader Mercedes, de se retirer de l'épreuve. Pour sa part la course doit continuer. Il évoque deux raisons, la première en vertu du règlement international, qui stipule « qu'une course ne s'arrête jamais, à moins que le passage sur la route ou la piste, ne soit devenu impossible ».

La seconde est beaucoup plus pragmatique. La fréquentation dans l'enceinte du circuit frise les 300 000 personnes. Priorité est donnée, à la circulation des véhicules sanitaires. L'évacuation des blessés, sur l'hôpital et les cliniques. ne peut se faire que par les seules routes disponibles, d'Angers et de Tours. Il est inconcevable que les spectateurs, puissent reprendre leurs véhicules au même moment, pour évacuer l'enceinte et créer des bouchons.

Par la suite, la vindicte populaire reprochera à Faroux son attitude jugée indécente, de ne pas avoir arrêter la course,vu le nombre de victimes. À posteriori, cette position, a sans aucun doute évité, bon nombre de décès supplémentaires.

Pendant ce temps la ronde continue. Les atermoiements d'Hawthorn ont fait perdre environ 2' à la Jaguar. Moss comme prévu creuse l'écart, toujours aussi régulier, il attaque et tourne dès son 4ᵉ tour en 4'13"5, puis régulièrement sous les 4'10", au 12ᵉ tour il fixe son meilleur temps à 4'08". Derrière Yvor Bueb lui concède entre 12 et 15" au tour. C'est beaucoup, mais moins que les prévisions les plus optimistes, surtout vis-à-vis de Stirling, et des circonstances.

À20 heures, le classement est le suivant : 1ᵉʳ Fangio-Moss 55 tours, 2ᵉ Hawthorne-Bueb à 2 tours (10' d'écart), 3ᵉ Hill-Maglioli (Ferrari), 4ᵉ Rolt-Hamilton (Jaguar), 5ᵉ Beauman-Dewies (Jaguar) tous à 3 tours. Puis vient la Maserati 300S de Musso-Valenzano 6ᵉ à 4 tours, et la Ferrari de Castellotti-Marzotti, de plus en plus en difficulté, tombée à la 7ᵉ place.

20 heures, c'est également l'heure du journal, télévisé de la RTF sur l'unique chaîne en noir et blanc. La télé diffuse quelques images de l'accident aux rares téléspectateurs, équipés d'un poste. Les premières nouvelles, se sont répandues via les radios périphériques. Radio Monte-Carlo à 18h32, par flash spécial, avec peu de détails sur le moment, puis Radio-Luxembourg donne l'information, dans son édition de 19h15.

Bien entendu, ces nouvelles ont pour conséquences de saturer un peu plus les lignes téléphoniques. Toutes les communications sont manuelles, et doivent passer par une opératrice. Les parents plongés dans l'angoisse, cherchent des renseignements sur un proche. Dans le stand Mercedes, il n'est toujours pas possible de joindre Stuttgart !

Devant le stand des concessionnaires automobiles, où l'on dénombre 14 morts, et devant les tribunes où le décompte est de plus de 50, tous les corps sont désormais évacués. Celui de Levegh, retrouvé à 75 mètres de l'impact fait partie des derniers. Il est affreusement mutilé, sans casque, la boîte crânienne explosée. Les sauveteurs, l'identifient à la combinaison blanche maculée de sang, et à son brassard de pilote, dans la poche.

Comme un sanctuaire, dans la zone évacuée pudiquement, il ne reste au milieu des débris, que des chaises abandonnées, des couvertures souillées, et des chaussures sans propriétaire, où l'herbe et la terre se fondent dans une couleur écarlate…

Cette fois, c'est terminé pour la Ferrari N°4 de Castellotti-Marzotto, le moteur trop sollicité par Eugenio en début de course, finit par rendre l'âme. Deux heures plus tôt, Sparken-Gregory sur la N°14, ont renoncé également sur rupture moteur.

Submergée d'appels, de toutes l'Europe, sans parler de la France, l'ACO décide un black-out de son standard. Le premier bilan à 19 heures fait état de 25 morts et 48 blessés, à la nuit tombée il est passé à 66 morts, pour une centaine de blessés.

La tension se fait de plus en plus vive, dans le stand Mercedes. Fitch a confirmation de la part de Neubauer, que n'étant pas pilote de réserve sur les deux SLR, restant en course, il ne prendra pas le volant. Il n'a plus la moindre motivation, pour assister à la fin de la course et demande à Uhlenhaut de joindre Stuttgart, pour un retrait pur et simple.

Rudolf Ulhenhaut, réussit à joindre la direction, déjà au courant de la situation par les images diffusées sur la télévision allemande. On lui fait comprendre, que la délibération est en cours, mais la tendance est au retrait.

21h30, la décision de la direction de Daimler-Benz est entérinée, pour un retrait immédiat et sans condition. Le Docteur Fritz Nallinger a la charge d'envoyer l'information, par téléphone à Alfred Neubauer. Le casse-tête continue pour disposer d'une ligne.

22h00, la nuit est tombée, le point est le suivant après 6 heures de courses : 1er Fangio-Moss (Mercedes), 2e à 2 tours Hawthorne-Bueb (Jaguar), 3e à 3 tours Rolt-Hamilton (Jaguar), 4e à 4 tours Beauman-Davis, (Jaguar), 5e à 4 tours Kling-Simon (Mercedes), 6e la Maserati de Musso-Valenzano à 5 tours. Les « premiers pilotes t » ont repris le relais.

La défaite de Ferrari est consommée. La N°3 de Maglioli-P.Hill, un moment 3e est tombée en 10e position. Il a fallu colmater une fuite au radiateur, maintenant l'embrayage est à bout. Il ne reste plus que la N°5 de Trintignant-Schell, mal partie. Elle va remonter à la 9e place vers minuit, avant d'abandonner une heure plus tard, sur surchauffe moteur. La type D de l'écurie Cunningham, aux premières loges, dans les deux premières heures, met « aussi la flèche », pour un problème de distribution.

Rudolf Ulhenhaut, sait que le retrait de Mercedes, n'est plus qu'une question de temps, même s'il n'a toujours pas le retour de Nallinger. Il décide d'en avertir Lofty England, au cas où la firme de Coventry envisagerait de faire de même. Flanqué, d'Artur Keser, le directeur des relations publics de la firme Allemande, tous les deux se présentent sur le stand Jaguar. England, les reçoit plutôt fraîchement. Il rétorque, que Jaguar et Hawthorn, ne sont nullement concernées par l'accident et que si les Mercedes veulent se retirer, c'est leurs problèmes ! Lui, England, a une course à gagner et a bien l'intention, de tout faire pour y arriver.

En la circonstance, l'attitude de l'Anglais parait bien cynique. England, n'est pas stupide, il sait très bien que plus la course avance, plus les chances de Jaguar diminuent. Moss, va continuer à creuser l'écart dès qu'il va se retrouver confronter à Bueb et la Mercedes a déjà pratiquement 15' d'avance. De plus Kling-Simon reprennent régulièrement du terrain sur les 2e et 3e Jaguar. Ferrari hors-jeu, un retrait de Mercedes, lui assure la victoire à 95%.

« Une victoire allemande conquise sur des morts français », dix ans à peine après la fin des hostilités, vous imaginez le tollé ? Il faut se replonger dans le contexte de l'époque, pour ne pas trouver cette réflexion puérile !

Vu les enjeux financier et politique pour les marques, mais aussi dans le cadre d'une normalisation franco-allemande, une victoire de Jaguar serait productive, une victoire de Mercedes, deviendrait contre-productive. Stuttgart le sait, Coventry aussi. En conséquence, England, ne va pas laisser passer l'occasion, de remporter la manne et les honneurs, en se retirant ! Vous avez parlé de moralité…

Keser finit par avoir Nallinger au téléphone. A quelle heure ? Difficile d'avoir une information précise, sûrement après 22h45 et avant minuit.

Keser, Neubauer et Ulhenhaut, tiennent un conseil à trois, en prenant soin d'être éloignés d'oreilles indiscrètes. Les pilotes ne sont pas conviés. Il s'agit de trouver le bon timing, pour se retirer. Les 3 hommes ont peu goûté, l'arrogance méprisante d'England. Le dernier objectif, est de mettre un maximum d'écart avec les Jaguar, afin de minimiser la victoire des anglais. Alfred Neubauer propose 4 heures du matin, nous serons à la mi-course. Peu avant minuit Kling-Simon ont ravi la 3e place, d'ici là, ils peuvent décrocher la 2e, pour pouvoir se retirer avec les honneurs derrière Fangio et Moss. Keser et Ulhenhaut ne sont pas partisans, l'ordre de Stuttgart est clair, arrêt immédiat.

Les pilotes Mercedes ne savent pas que Levegh est mort. Seul Fitch, a gardé le silence. Il avait pu récupérer son casque, les traces à l'intérieur, ne laissait pas de place au doute. Denise Bouillin-Levegh a repris le chemin de Paris, pour aller au chevet de la mère de Pierre.

0h45, Fangio passe le relais à Moss, ce dernier va bientôt mettre un 3e tour à Bueb. À 1h00 du matin Neubauer, annonce à l'argentin et à Kling le décès de Pierre, comme il l'avait fait peu avant à Stirling et André. Fangio est effondré, il se remémore, le geste du français, juste avant l'accident, qui lui a sauvé la vie.

L'ordre de retrait, est donné par le stand à 1h 40. Les pilotes bouclent encore un tour, Moss stoppe en premier suivi de peu par Simon.À 1h45, Mercedes n'est plus dans la course. La SLR de tête, avait bouclé 134 tours depuis 16 heures et possédait 3 tours d'avance sur Hawthorne/Bueb. Le nouveau classement devient : 1er Hawthorne-Bueb (Jaguar 6), 2e Rolt-Hamilton (Jaguar 7) à 2 tours, 3e Musso-Valenzo (Maserati 16) à 3 tours, 4e Collins-Frère (Aston-Martin 23) à 4 tours.

Fangio et Moss sont naturellement très déçus, d'autant que la voiture marchait parfaitement bien. L'Argentin comprend mieux la situation, peut-être parce qu'il a frôlé la mort. Stirling par contre, est très remonté contre John Fitch. L'américain depuis l'accident, ne cesse de faire pression, sur les directeurs, pour un retrait des voitures. Moss, estime qu'il sort complètement de son rôle.

Juan Manuel Fangio, quitte rapidement le circuit, pour rejoindre son hôtel. En moins de 2 heures, les stands sont vidés et les 300SLR chargées sur les deux « Rennwagens ». Curieusement, l'armada Daimler-Benz, au lieu de rejoindre « l'hôtel du Grand-Cerf » à Alençon, prend la route en direction de Paris. Auparavant, Keser, envoie le communiqué de presse suivant : « La maison Mercedes, en témoignage de la douleur des familles, éprouvée, par la tragédie du Mans, a souhaité retirer ses voitures de la course ».

L'annonce de l'abandon des Mercedes à 2 heures du matin, est saluée par des applaudissements. Le speaker au micro, rajoute une parole malheureuse « Ce geste aurait pu être fait plus tôt ! ». Peu avant 3 heures du matin, Don Beauman, expédie la Jaguar N°8, dans le sable à Arnage, sans possibilité de se dégager.

Puis vient la mi-course, au moment où les Mercedes étaient selon les vœux de Neubauer, censées se retirer. À une près, il ne reste plus, que la moitié des voitures en course. Hawthorn-Bueb toujours solides leaders ont bouclé 160 tours. La 2e Jaguar N°7 de Rolt-Hamilton a reculé en 4e position, à 6 tours suite à un arrêt prolongé au stand, pour colmater une fuite d'essence. Les favoris en difficulté, les outsiders jouent leurs rôles. La Maserati de Valenzano-Musso est 2e à 5 tours et l'Aston DB3 S de Collin-Frère 3e à 6 tours. Puis suivent la type D de l'écurie Francochamps, devant une étonnante Porsche 550 de Polensky-Frankenberg, 7e et première à l'indice de performance.

Une pluie fine commence à tomber, au moment où l'aurore pointe. Au fur et à mesure, que la matinée avance, les nuages déversent des tonnes de larmes, sur une course dont on attend plus qu'une chose, qu'elle se termine…

La traditionnelle messe dominicale de 6 heures, dans l'enceinte du circuit, se déroule dans une ambiance spéciale, devant un parterre particulièrement fourni. L'homélie est prononcée en français, anglais et allemand. Une minute de silence est respectée, en la mémoire de Pierre Levegh et de toutes les victimes. Exceptionnellement, deux autres messes, seront célébrées à 9 et 11 heures.

Après celle détruite aux essais, l'unique Gordini en course de Ramos-Pollet, renonce sur une fuite au radiateur, alors qu'elle occupait la 12e position. Peu-après 7 heures, la 2e type D de Rolt-Hamilton, boîte bloquée reste définitivement au stand. Inquiet, Lofty England, ressort « l'horloge de panneautage » en position 6, pour signifier de ralentir à Bueb, qui ne va déjà pas bien vite sous la pluie.

Derrière, la Maserati et l'Aston Martin, se livre un duel fantastique pour la seconde place, qui en temps normal, aurait soulevé l'enthousiasme du public et non son indifférence. À10 heures, les deux voitures, sont revenues à 3 tours de la Jaguar de tête.

Les politiques vu l'ampleur du désastre, font le déplacement. Edgard Faure, Président du Conseil, puis Edouard Corniglion Molinier, Ministre des Transports et des Travaux publics. Après une inspection des installations du circuit, il se rendent à l'hôpital.

Au cours de la 11e heure, Paul Frère et son Aston prennent le dessus sur la Maserati pour la seconde place, après avoir poussé Musso à la faute au niveau de Mulsanne. C'est le c chant du cygne signe, pour Valenzano-Musso. La N°16, abandonne une heure après sur rupture de transmission. La Cunningham C6R, rejoint aussi le « cimetière des voitures ». Son moteur Offy, totalement inadapté à l'endurance, finit par casser.

La course dont l'intérêt, s'est réduit à peau de chagrin depuis le retrait des Mercedes, devient totalement sans importance. On assiste alors, à une longue procession de 4 heures, de la vingtaine de voitures restant en course. Toujours sous la pluie, la peur au ventre, chacun s'efforce de garder sa position. La moyenne a considérablement chuté.

Dernière émotion, pour Olivier Gendebien, le futur quadruple vainqueur des 24 heures, débute cette année sur Porche. Son spider, part en aquaplaning, sous le Pont Dunlop et rebondit sur la butte en terre,et finit sa course dans la clôture. Les dégâts sont relativement mineurs. Il peut reprendre la piste, pour aller chercher, sous le regard de plus en plus fébrile des commissaires, une 5e place bien méritée.

A 16 heures, la délivrance arrive enfin. Le drapeau à damier s'abaisse sur la Jaguar d'Hawthorn, qui a tenu à prendre le dernier relais, un quart d'heure plus tôt. L'ambiance est lugubre. Les organisateurs, ont décidé de faire dans la sobriété pour le protocole. Les drapeaux sont mis en berne et les hymnes nationaux supprimés. Il en est de même pour la remise des prix, prévue normalement dans le hall de la chambre de commerce, qui n'aura finalement pas lieu.

Hawthorne-Bueb établissent un nouveau record à la distance avec 307 tours pour 4135,38 km, à 172,308 km/h. Collins-Frère remarquables de bout en bout sont 2e à 5 tours et remportent la classe moins de 3 litres. La Jaguar « Francorchamps » de Swaters-Claes finit 3e à 11 tours, devant un trio de Porsche 550. Un premier succès, pour la firme de Zuffenhausen, qui remporte l'indice de performance avec von Frankenberg-Polensky, 4e à la distance à 23 tours.

L'attitude d'Hawthorne-Bueb sur le podium, ne va pas manquer d'alimenter les commentaires. Entre sourire plus ou moins forcé, et une cérémonie incongrue, qui se termine sabrée au champagne, il est temps de passer à l'addition, le tout est de savoir qui va la payer…

Chapitre 16

LÂCHEZ LES CHIENS POUR LA CURÉE

Concernant la presse, des éditions spéciales paraissent le dimanche matin. « France Soir » titre sur 5 colonnes : « Terrible accident aux 24 heures du Mans, il y'aurait 10 morts et de nombreux blessés ». D'autres journaux, comme « l'Equipe » ou le « Maine Libre » dans sa 2ᵉ édition, préfèrent insister sur le retrait des Mercedes, compte tenu des informations encore partielles.

Naturellement, dès le lundi le nombre de victimes, fait les gros titres des quotidiens. Le « Maine Libre (3ᵉ édition du dimanche) » : Bilan actuel 87 morts, tandis que les familles vivent des heures de deuil et d'angoisse. La « Nouvelle République » : Effroyable Catastrophe au Mans, 70 morts et plus de 70 blessés ». « Ouest France » : La Mercedes de Levegh se jette dans la foule et explose 78 morts et 94 blessés. « L'Aurore » : Le terrible bilan de la catastrophe du Mans, 85 morts, 105 blessés. « Le Parisien Libéré » L'effroyable catastrophe des 24 heures du Mans a fait 78 morts et 97 blessés. « Ouest-Matin » Effroyable catastrophe aux 24 heures du Mans, 78 morts et 84 blessés, etc…

Vous noterez, la discordance des chiffres. Bien entendu, il est toujours difficile, avec les moyens de communication de l'époque, de tirer un bilan définitif, 24 heures après un tel drame. Par la suite, un document comptable des assureurs fera état de 79 morts de 6 à 69 ans, dont 3 étrangers, (une femme de la région de Bruges, deux garagistes anglais,) et de 178 blessés.

Toutefois, le bilan officiel communiqué par le cabinet de Matignon, publie un total de 82 morts. Il sera rectifié à 84, quelques semaines plus tard, pour prendre en compte, le décès de deux personnes, des suites de l'accident.

La presse étrangère fait aussi, la une de ses manchettes avec la course. Les tabloïds anglais font feu de tout bois, en développant des théories plus ou moins fumeuses, préservant la perfide Albion, au détriment de l'allemand ou du français.

Mercedes bien entendu est mis en cause, pour avoir renoncé, jetant une ombre sur la victoire « méritée » de Jaguar. Ainsi Neubauer et son équipe, ont atteint leur but, discréditer la victoire britannique *(Commentaire de l'auteur)*. Ce n'est rien à côté de Levegh, « ce vieillard incompétent », incapable de conduire à ce niveau, un véhicule qui le dépasse.

Le manque de connaissances, de certains journalistes qui écrivent sa biographie, fait peur ! Ainsi ils prétendent qu'il s'appelle Pierre Bouillon et non Bouillin *(information, reprise par la suite dans de nombreuse publication, dont « la Course Mortelle » de Mark Kahn, mais également en France.),* qu'il court sous le pseudonyme de Levegh, à partir du nom de son oncle Alfred Veghle. En réalité, son oncle s'appelle Alfred Velghe, et l'anagramme Levegh, a été créé 40 ans auparavant par l'oncle en question !

De plus ils se posent la question : « Pourquoi courir sous un nom d'emprunt ? Par manque de courage ? A-t-il quelques choses à cacher ?» Là encore il s'agit de mauvaise foi, ou d'absence de connaissance. Beaucoup de pilotes, français ou belges depuis les années 30 jusques dans le milieu des années 60, utilisent un pseudonyme, pour dissocier leur activité professionnelle, de leur passion de la course. Concernant Pierre, comme nous l'avons vu, au début de ce livre, il s'agit uniquement de rendre hommage à son oncle.

Vient le temps des conférences de presse, avec duel verbal, entre Stuttgart et Coventry. Chez Daimler-Benz, on se veut pragmatique. Le mercredi 15 juin, le Docteur Koenecke, Président du Directoire du groupe s'exprime en personne sur le sujet. Après avoir salué, les victimes et le deuil de leurs proches, il rend un hommage appuyé à Pierre Levegh pour je cite « sa discrétion et sa bravoure ». Puis il met directement en cause Mike Hawthorne, pour avoir effectué une manœuvre inappropriée, entraînant une réaction en chaîne. Le Président passe ensuite la parole au Docteur Nallinger Ingénieur en chef, pour des explications plus techniques.

Sans rentrer dans le détail, son exposé porte sur 47 points *(l'intégralité du texte est reproduite dans « Le Mans 11 juin 1955, par Christopher Hilton).* Une projection du film de télévision est lancée, confirmant qu'il est difficile de se faire une opinion, avec des images trop éloignées du lieu de l'accident. Son exposé est clair et argumenté avec les éléments à sa disposition, à ce moment de l'enquête ad hoc. Il précise que Kling, venait d'être décollé du trio Hawthorn, Macklin, Levegh, pour ravitailler, mais aussi pour régler en même temps, un problème de pédale d'accélérateur.

Le Docteur Nallinger souligne qu'Hawthorn, a été rappelé 2 fois par son stand, avant de décider son ravitaillement et que selon ses experts la distance de freinage, était beaucoup trop courte par rapport à sa vitesse. Il insiste sur le fait, que la Jaguar a dépassé son stand de 80 mètres. Il nie une possible d'explosion du véhicule de Levegh, suite à l'impact avec l'Austin, où après le contact avec le muret en terre. *(Nous aurons l'occasion d'y revenir, dans le prochain chapitre).*

A la question controversée par la presse, sur la nécessité d'avoir retiré ses voitures, Nallinger ne se dérobe pas. Une partie de l'opinion publique, nous reproche d'avoir retiré nos Mercedes, comme un aveu de culpabilité. Il n'en est rien, nous avons d'abord considéré que devant un tel drame et devant la perte de notre pilote Pierre Levegh, il était de notre devoir par respect des familles des victimes, d'arrêter la course. Une autre partie de l'opinion publique, nous reproche de l'avoir fait trop tard. Nous l'avons fait au moment où les secouristes ont terminé leur travail, pour nous c'était d'abord la priorité !

La réponse de Coventry, toujours par conférence de presse, est beaucoup plus improvisée. Elle se fait par la voie de Lofty England. Le Président de Jaguar, William Lyons, étant frappé par le deuil de son fils, qui s'est tué en voiture en se rendant… aux 24 heures du Mans !

Si England, improvise plus ou moins, il a pris bien soin de briffer, le reste de son équipe et Mike Hawthorn avant toute interview. Ce dernier, fut interrogé par la police dès le dimanche, son stand ayant tout fait pour le soustraire aux questions, le samedi soir.

La diatribe du team manager Jaguar, rapporté par Chris Dixon, dans son livre « Mon ami Mate », suite à ses déclarations à Mark Kahn est absolument sidérante ! « Mike devançait Fangio de quelque chose comme dix secondes. Il avait une avance de huit secondes dans le tour précédent *(totalement faux, pas plus d'une seconde ne les séparaient !)* il n'arrêtait pas de creuser l'écart. Jusque-là Levegh qui avait 50ans *(Plus exactement 49ans 5 mois et 20 jours),* n'aurait pas dû piloter cette machine, il suivait Kling constamment depuis 2 heures se calant constamment derrière lui *(Là encore c'est inexact, Pierre était devant sur les 10 premiers tours, et Karl calé derrière). (Tiens donc ! England serait-il le Team Manager de Mercedes ? Non bien sûr, sinon il connaîtrait les consignes du stand.)* Dans ce tour-là, Kling s'écarta entre Arnage et Maison Blanche, pour rentrer au stand parce qu'il avait un problème avec sa pédale d'accélérateur. *(Kling ne s'est écarté qu'après Maison Blanche, oui pour la pédale d'accélérateur, mais l'arrêt était déjà prévu pour ravitailler).* C'est ainsi que pour la première fois depuis presque 2 heures et demie, Levegh se retrouva tout seul avec Fangio aux trousses sur le point de le dépasser devant les tribunes et le public français. Le héros de la foule des français après son effort énorme de 1952, en train de se faire dépasser par son-co-équipier au volant de la même voiture, il perdait son image de champion ! » *(Alors là, chapeau Monsieur England, on atteint le paroxysme de l'absurdité ! Vous devez confondre, c'est Hawthorne, qui était en lutte avec Fangio ! Pas Levegh !)*

Puis il enchaîne sur Hawthorne : « Mike ne s'est pas arrêté brusquement, c'est probablement dû au fait que Macklin devait comme il se doit surveiller tout ça, parce que si Fangio avait dépassé Levegh, il aurait eu très peu de place. Fangio a vu ce qui allait se produire. *(Sacré Lofty, il est même dans la tête de Fangio !)* Fangio ne l'a pas fait. L'autre élément à se rappeler, c'est que Fangio est passé au travers de tout cela, bien qu'il fût juste derrière Levegh quand l'accident s'est produit. *(Si on doit se rappeler d'un élément, c'est peut-être le bras levé de Levegh, pour prévenir Fangio, non ?)* La voiture de Macklin a traversé la route, heurté le stand et repassé de l'autre côté. Fangio est passé au travers, il était donc possible d'éviter tout cela. L'accident a eu lieu sur la partie droite de la route *(Les images prouvent le contraire*)*. Toute la partie gauche, depuis la ligne médiane, était libre. Levegh ne l'a pas utilisée. *(Là encore les images prouvent le contraire*.)* Parce qu'il a été pris de panique. Il a enfoncé ses freins et je dirais que la voiture s'est déportée sur la droite et qu'elle a accroché la voiture de Macklin , puis est montée dessus. Il est vrai que Macklin a déboîté vivement derrière Hawthorn. Je pense qu'il a de toute évidence freiné à fond à la dernière minute et braqué en même temps. »

« La fable » que nous sert Lofty England, n'a qu'un seul but dédouaner Hawthorn, tout en chargeant Levegh, qui ne peut plus hélas, se défendre. Ses allégations sur la position de la Mercedes de Levegh, ne pourront être démenties, que quelques temps après. *La découverte d'un film 8m/m pris de ¾ face par un spectateur, va permettre de décortiquer image par image, le déroulé de l'accident. Ce document, disculpe en totalité Pierre Levegh, sur sa possibilité d'éviter l'accident.

Il sera beaucoup reproché à Chris Dixon en Grande Bretagne, ses divulgations. Considérant que l'auteur de « Mon ami Mate », avec un manque d'objectivité, prenait fait et cause pour Peter Collins, au détriment de Mike Hawthorn. *(Son excellent ouvrage, est un récit en parallèle de la carrière des deux Champions).*

Le récit d'England est bien réglé, il peut compter sur la collaboration de son « vassal » Ducan Hamilton, co-pilote de la Jaguar N°7 : « J'attendais debout dans mon stand, pour prendre le relais de Tony Rolt. Je puis vous assurer que Mike n'est en rien mêlé à cet accident. J'en ai eu une vision privilégiée. Pierre Levegh, avait complètement perdu pied dans sa Talbot-Lago au cours des années précédentes, on n'aurait jamais dû lui laisser piloter la Mercedes ».

L'intervention d'Hamilton est intéressante, d'autant que des 6 pilotes Jaguar, seulement deux, ont été capables de tourner plus vite que Pierre, Hawthorn et Rolt. De plus, pendant les 2 heures et demie de course, Levegh a été peut-être plus souvent derrière Kling, mais toujours devant les Jaguar de Rolt et Beauman. Sur les 34 tours couverts par Levegh, 12 ont été plus rapides que le meilleur temps d'Hamilton de 4'18''. Je laisse le lecteur juge, de comparer la compétence d'Hamilton, par rapport à celle de Levegh.

Si les témoins à charge, ne manquent du côté de chez Jaguar, une voix se fait dissonante, chez Mercedes celle d'Arthur Keser. Le spécialiste des relations publiques de la firme allemande, sort à posteriori, de son devoir de réserve. Mark Kahn publie dans « death race » en 1976 : « Il avait peur de la voiture, au cours des essais, il était le plus lent des pilotes *(encore une information erronée)*. Et au lieu d'admettre qu'il n'était pas taillé pour la 300SL, il insista pour la piloter. Il était déchiré entre la peur et son ambition. Des semaines auparavant, nous avons su que les temps au tour de Levegh étaient… comment dire… pas à la hauteur.

Cette réflexion, amène naturellement au moins une question. Si Levegh, n'était pas à la hauteur, pourquoi ne pas l'avoir remplacé ? Cette possibilité était parfaitement envisageable, même 3 semaines avant le départ de la course.

Ainsi Rudolf Uhlenhaut, l'ingénieur, concepteur de la SLR et participant régulièrement aux essais, aurait pu le faire. De plus, il était certainement le mieux placé avec Alfred Neubauer, pour juger des capacités de Levegh.

Pierre n'était pas le meilleur pilote. Ses qualités sont sans comparaison avec celle d'un Fangio, d'un Moss et même d'un Simon. Mais comme nous l'avons vu, il était plus rapide que Fitch et Kling. De plus ce n'était pas un novice, il participait pour la 7e fois à l'épreuve.

Alors quelle motivation, peut-on voir dans l'intervention de Keser ? Sur sa peur présumée, il me revient en mémoire, l'émotion *(bien légitime)* de Levegh sur l'accident d'Elie Bayeul aux essais, ainsi que sa réflexion *(prémonitoire)*, sur l'étroitesse de la piste devant les stands.

Une fois que chacun a abattu ses cartes, il est temps de passer à l'enquête judiciaire. Concernant Hawthorn, il a eu le temps de préparer sa défense, lors de son audition.À la question, pourquoi ne vous êtes pas arrêté à votre stand lors de l'accident : « J'ai vu l'accident dans mon rétro, avec l'Austin Healey en perdition, j'ai préféré dégager, pour éviter d'être mêlé, à un éventuel carambolage ! » « Pour mon ravitaillement, j'ai pris les précautions d'usage, en levant le bras, pour faire signe aux véhicules dernière moi que je rentrais au stand ! » *(Curieusement, ce signe Macklin ne l'a pas vu et seules les personnes de chez Jaguar l'ont confirmé.)* Plusieurs témoins vous ont entendu dire que vous étiez responsable de l'accident ? « Oui, peut-être…c'était sur le coup de l'émotion ! »

Lors des son autobiographie « Challenge Me The Race », sortie en 1958, Hawthorn écrit : « J'avais laissé ma Jaguar filer devant notre stand et, comme il est interdit de faire marche arrière, je me suis arrêté et je suis revenu en courant pour voir si Lofty England serait d'accord pour que je fasse un tour de plus avant de rentrer au stand. »

Bien sûr, c'est une merveilleuse façon de refaire l'histoire. Dans la mesure où Hawthorne savait, qu'il ne pouvait pas faire marche arrière, avait-il besoin de demander à England s'il pouvait refaire un tour de plus ? La réponse tombe sous le sens non ?

De plus ses affirmations sont en totale contradiction avec différents témoignages comme celui de Pat Mennem journaliste au Daily Mirror. « La première chose que j'ai vue, c'est Mike Hawthorn, courir dans tous les sens, blanc comme un linge, qui semblait avoir perdu la raison. Il était seul et il courait au milieu des caravanes, derrière les stands. Il ne faisait que courir, sans doute venait-il de sortir de sa voiture. » *(Extrait de Mon Ami Mate)*.

A la suite de la plainte contre X, pour homicide involontaire, le parquet du Mans, est chargé du dossier d'instruction, avec pour juge désigné Zadoc-Khan. Le lundi 13 juin dans l'après-midi Hawthorn, est le premier témoin entendu. Sous pression par la presse, et sans dévoiler le secret de l'instruction, le juge se contente de lâcher un laconique « à cet instant de l'enquête, on peut tout au plus estimer que Monsieur Hawthorn, a fait une faute d'appréciation. »

Le deuxième témoin direct, Lance Macklin a quitté Le Mans, le dimanche soir, pour rentrer chez lui dans le Sud de la France. Il va se rendre sans difficulté, à une convocation du juge le mercredi 15 juin.

Macklin 35ans, est né à Londres, d'une famille aristocrate. Son père Sir Noel Campbell Macklin crée les marques Invicta et Railton. Conséquence, Lance baigne très jeune dans les moteurs et les voitures. Après des études dans le prestigieux Collège d'Eton, il s'engage volontairement dans la Royale Navy à l'aube de la seconde guerre mondiale. Le londonien débute, véritablement la compétition automobile en 1948. Participe ensuite, pour la première fois aux 24 heures du Mans en 1950, course dans laquelle il termine 3e l'année suivante avec Eric Thompson, au volant d'une Aston Martin DB2.

En 1952, il tente sa chance en monoplace pour le championnat du Monde au volant d'une peu performante HWM, sans résultat. Donald Healey, ami de la famille, lui propose le volant d'une Austin pour les 12 heures de Sebring 1954. Coup d'essai, coup de maître, il termine 3e à la distance et remporte la classe – de 3litres. Depuis Lance, reste fidèle à la marque en 54 et 55, pour participer à ses 6e 24 heures.

Lance passe dans le milieu pour un bon pilote. La course, s'exerce pour lui comme un loisir. Ayant un physique avantageux, un compte en banque confortable et une bonne éducation, les filles ont du mal à résister à son charme.

Une reconstitution des faits, s'organise, sur le circuit, les mercredi et jeudi. En présence de Macklin, le juge Zadoc-Khan est accompagné par Cordonnier son greffier, du procureur Brunet, ainsi que des 6 experts membres de la commission d'enquête. Les explications de Macklin, restent les mêmes, elles sont distillées avec plus ou moins de virulence en fonction du moment où elles sont divulguées. Ainsi, le samedi après l'accident, choqué et pas encore conscient de l'ampleur des dégâts, il récupère en buvant une bière avec Donald Healey. Un membre de chez Jaguar, se présente au bar et lui dit qu'Hawthorn voudrait le rencontrer pour s'excuser. La réponse est on ne peut plus claire : « Qu'il aille se faire voir ce connard, il a failli me tuer ! »

Finalement Hawthorn est arrivé pour dire : « Bon sang Lance ! Je suis franchement désolé. J'ai failli te tuer et j'ai tué tous ces gens. Je suis vraiment désolé et je ne reprendrai certainement plus jamais la compétition. » *(Extrait de « Mon Ami Mate »)*. A présent calmé, Macklin lui dit, que tout peut arriver dans une voiture lancée à 240 km/h.

En gros, Lance Macklin va reprendre cette version face au juge, en expliquant, qu'Hawthorn a sans doute commis une erreur, mais que le véritable responsable, est la vitesse des véhicules. Entre temps, dans une interview pour un journal il fut plus agressif : « Peut-être a-t'il mal calculé sa distance, toujours est-il qu'il s'est rabattu trop brutalement en freinant violemment ». Comme quoi en cinq jours Lance avait évacué visiblement une partie de sa rancœur contre Mike. Enfin Macklin, confirma qu'il n'avait vu aucun signe de la part d'Hawthorn, sur un retour de sa part au stand.

Troisième témoin et peut-être le mieux placé aux premières loges, Juan Manuel Fangio. Le « campionissimo » a repris rapidement la compétition. Le 19 juin, il remporte le G.P de Hollande de Formule 1 sur Mercedes bien sûr, devant son coéquipier Moss, puis participe aux G.P du Portugal le 25 juin. Ce n'est que le lundi 27 juin qu'il peut se rendre à la convocation du juge. Fangio, se montre égal à sa réputation, sobre, fair-play, et gentleman, sans aucun mot plus haut que l'autre. Un professeur d'espagnol du lycée du Mans, est là pour faire la traduction entre l'argentin et le juge.

« J'ai vu s'envoler la Mercedes verticalement, je n'ai pu suivre sa trajectoire, car toute mon attention, se portait sur la piste pour sortir de la situation pour le moins délicate, dans laquelle je me trouvais. Je dois ajouter que le signe de Pierre Levegh, pour me signaler le danger, avant la collision a été décisif dans ma prise de décision, de ne pas doubler Macklin et Hawthorn, à ce moment de la course. Sans cela, je n'aurais pas pu sans doute, éviter la collision. La chance pour moi, a fait le reste. »

Concernant, le geste de Levegh, il semble qu'en réalité, il en ait fait deux. Un premier après Maison Blanche, pour indiquer à Fangio, que la voie n'était pas libre, le second, fait plus penser à un signe d'impuissance, au moment du choc.

Fangio ensuite, découvre pour la première fois les images de l'accident. Le juge d'instruction lui demande de les commenter. Les témoins de la scène affirment, « Fangio se signait à chaque fois, qu'il était obligé de prendre la parole, sous le coup de l'émotion ». Deux films sont diffusés, un de Gaston Rebuffat et un autre d'une équipe de TV anglaise. Le film amateur de 8m/m, incontestablement le plus parlant ne sera découvert que plus tard, après que l'enquête officielles ne soit bouclée.

Fangio, ne prendra pas position, contrairement à beaucoup de témoins, aux thèses plus ou moins vaseuses. « Cet accident, ne peut être mis que sur le compte de la fatalité. Toutes les courses sont devenues dangereuses, en raison de la vitesse accrue des voitures, alors que les circuits ne sont pas améliorés dans les mêmes proportions. Pourtant au Mans il est difficile de faire des reproches aux organisateurs, dans la mesure où nulle part ailleurs, nous ne retrouvons les mêmes protections et des installations aussi complètes. »

A la question comment avez-vous trouver l'attitude de Mike Hawthorn ? La réponse se veut sans équivoque. « Tout a été parfaitement correct, et dans les 3 premières heures où je suis resté roue dans roue avec Mike Hawthorn, je n'ai pas eu à me plaindre de lui, sinon je n'y serais pas resté ! »

Plus qu'un long discours, je pense que le film amateur de 8m/m apporte plus d'éléments de réponse, que toutes les autres projections ou témoignages. Je l'ai visionnée plus d'une dizaine de fois, pour constater qu'une fois Macklin doublé par Hawthorn, le point de départ de l'accident, est incontestablement le freinage de ce dernier. Or, il ne se passe pas plus de 4 à 5 secondes entre le freinage et l'impact de la Mercedes de Levegh contre l'Austin de Macklin. Ce temps déjà court se réduit à moins de 2 secondes, entre le moment où Macklin, déboîte à gauche, pour éviter de percuter la Jaguar et la collision avec la Mercedes.

Je veux bien que bon nombre de témoins, aient un avis tranché sur la responsabilité des uns et des autres, néanmoins à vitesse réelle leurs perceptions restent bien fragiles. Le mieux placé est sans doute « le journaliste pilote belge » Paul Frère, dont la compétence et l'impartialité ne peuvent être mises en doute. Debout sur le stand Aston Martin, ganté et casqué, il attend pour prendre le relais de l'Aston Martin N°23, piloté par son partenaire Peter Collins. Le stand Aston Martin se situe en face du lieu de l'accident, son témoignage est donc capital.

Sans apporter d'éléments nouveaux au dossier, Paul Frère souligne un peu comme Fangio : « Une catastrophe comme celle-ci, découle de circonstances malheureuses et non d'une faute caractérisée de qui que ce soit. » Il écrira deux ans plus tard dans son livre « sur la grille de départ », « il est peu probable que l'on sache un jour totalement la vérité. »

La tâche du juge Zadhoc-Khan n'est naturellement pas facilitée, par les différents témoignages souvent contradictoires. Il se penche, sur les différentes analyses des experts, portant sur les traces de freinage relevées lors de la reconstitution, ou encore de l'étude minutieuse, du positionnement des véhicules, ainsi que de leurs vitesses au moment de l'accident. Néanmoins, il persiste encore trop de zones d'ombre, une partie des pièces ont disparu

Le déménagement « à la cloche de bois », des SLR valides, qui n'ont pu être interceptées, avant leur passage à la frontière crée un malaise. Pourquoi tant de précipitation de la part de Mercedes ? Seule l'épave de la voiture de Levegh est à disposition.

Il faut aussi rendre compte sur le nombre considérable de victimes, et là nous ne sommes pas au bout de nos surprises…

Chapitre 17

L'OMBRE D'UN DOUTE

Une fois décomposées les circonstances de l'accident, il est nécessaire d'en 'analyser les conséquences. Après le décollage de la Mercedes sur l'arrière de l'Austin, il est impossible de déterminer si la voiture de Levegh a touché ou pas, la butte en terre avant de se désintégrer, bien que des traces de choc légères furent relevées. Le film amateur sur ce point ne nous apporte rien. Le cinéaste blessé par un éclat, à ce moment de l'action, arrête de tourner.

Stuttgart a toujours nié que la 300SLR ait pu exploser. Alors comment expliquer, que le moteur et le train avant soient expulsés avec une telle violence du reste du véhicule ? D'autre part, les images sont claires, lorsque le châssis fait une rotation à 180° et retombe à plat sur le dos sur les fascines, l'incendie qui se déclenche, fait suite à une violente détonation.

La Mercedes, ne s'est pas désarticulée au moment de l'impact avec l'Austin, mais après la collision. Si elle touche une première fois la butte de terre, ça ne peut-être qu'avec la partie arrière du véhicule. Rappelons qu'à cet instant la voiture est pratiquement à la verticale. Marc Lardy, spécialiste en sciences et mathématiques, rédige un rapport élaboré et très sérieux avec une analyse balistique, des différents éléments projetés par la Mercedes. Le dossier d'analyse, est remis au Président Lelièvre le 22 août 1955.

Lardy, avance l'hypothèse que la voiture a perdu son capot, son moteur et son train avant, en touchant la butte de terre, suivant un système de bascule. Pour moi, plus probablement, il a fallu une première explosion dans les airs, pour projeter avec une telle violence ces trois parties, avant qu'une deuxième, ne vienne déclencher l'incendie à la chute du châssis.

Daimler-Benz, n'est pas à l'aise avec cette théorie qui suggère qu'un additif a été ajouté au carburant. N'oublions pas qu'à cet instant de la course, il ne reste plus qu'une vingtaine de litres d'essence dans le réservoir de la Mercedes sur les 200 l embarqués au départ. Les « mixtures » à base de benzol, de nitrobenzène, d'acétone, mélangés au méthanol et à l'essence, étaient courantes avant-guerre et surtout autorisées. Mercedes avait une longue expérience de ce type de mélange, utilisé dans leurs formules 1 à l'époque. Interdit depuis, car jugé trop dangereux, la tentation de la firme de booster ses moteurs l'aurait elle emporté, au détriment du règlement ?

Plusieurs témoignages dignes de foi, disent que les Mercedes étaient incontestablement, plus performantes que lors de leurs sorties aux Milles Miglia et à la Coupe de L'Eiffel. D'autres, parlent d'odeur de combustion étrange, devant les stands Mercedes.

Pendant les essais, les Mercedes étaient particulièrement dans le collimateur des commissaires et pas seulement pour l'histoire de « l'intrados ». Les SLR, sont particulièrement gourmandes en carburant, le nouveau règlement, portant de 30 à 32 tours entre deux ravitaillements et une capacité de réservoir limité à 200 litres, ne font pas les affaires de la firme allemande. Neubauer avait écrit à Raymond Acat (Secrétaire de la Commission Sportive de l'ACO), pour demander une dérogation afin d'avoir la possibilité d'un dépassement de ce volume, pour faciliter un remplissage plus rapide. Il reçut naturellement, une fin de non-recevoir.

De là à imaginer un subterfuge de Mercedes, pour moins consommer, en trafiquant le carburant, il n'y a qu'un pas. L'économie, étant prioritaire par rapport à la performance, si dans ce cas on peut avoir les deux…

Naturellement l'ACO prit des dispositions, toutes les voitures devant utiliser le même carburant, à l'aide de canalisations placées sous scellés, pour éviter la fraude. Avant le départ, des commissaires spécialement détachés, prélevaient un échantillon dans le réservoir de chaque voiture, pour le vérifier. Le même rite, devait s'exercer pendant la course.

Bien sûr après l'accident, les Mercedes ayant disparu, les enquêteurs n'ont plus que le châssis calciné et le moteur étrangement presque intact, pour poursuivre leurs investigations. Quelques centilitres de carburant restant dans le moteur furent extirpés, pour analyse. Rien d'anormal ne put être constaté.

Néanmoins, les enquêteurs poursuivirent leurs recherches, en faisant des prélèvements dans les collecteurs d'échappement. Ces échantillons, révèlent la présence de traces d'un concentré de nitrométhane, le trinitrate de méthyle. Sans être véritablement interdit, ce lubrifiant d'adjonction, a pour caractéristique d'être hautement explosif !

Daimler-Benz, continue de se défendre en argumentant du fait, que le corps de Pierre Levegh ne compte aucune brûlure apparente. Ce qui ne peut être retenu comme une preuve formelle, le pilote ayant pu être éjecté avant les explosions présumées. Les avis des experts médicaux sur le sujet, ne manquent pas d'intérêt.

La première constatation, concerne les 14 victimes retrouvées devant le stand des concessionnaires, lieu devant lequel se sont détachés le moteur et le train avant. Aucune, ne porte de blessure apparente sur le corps, mais les calottes crâniennes sont souvent éclatées. C'est le signe incontestable de personnes tuées par le souffle d'une explosion. C'est également valable pour le corps de la femme retrouvé sur la piste, identifié dans un premier temps comme étant celui de Pierre Levegh. Dans cas, il s'agirait d'une victime de la deuxième explosion. Je vous laisse imaginer, la réaction de l'opinion publique, si des preuves sont apportées à ces supputations.

Une deuxième polémique va naître, concernant l'incendie du châssis sur les fascines. Suivant les images et les témoignages, les flammes qui se dégagent dans un premier temps, sont d'un blanc intense avec des jets de particules de toutes sortes. Puis les flammes virent au jaune, comme dans un feu plus classique.

Là encore la thèse de l'additif attise les esprits. Mais l'explication est plus pragmatique. Une partie des éléments constituant la structure est fabriquée en magnésium. Métal blanc, très inflammable à partir de 600°et projetant des étincelles éblouissantes, il n'est pas nécessaire, d'aller chercher plus loin l'explication.

Le rapport de Marc Lardy, sera purement classé sans suite. Par ailleurs, aucune autopsie ne sera diligentée sur les victimes. Le jugement est rendu le 10 novembre 1956, en voici l'énoncé :

Considérons que, le 11 juin 1955, à environ 18h30, au Mans, sur le circuit permanent du département de la Sarthe, au cours de la course « Les 24 Heures du Mans » Monsieur Hawthorn, pilote de la Jaguar N°6, se préparait à entrer dans son stand. Il doubla sur la gauche la voiture N°26, pilotée par Monsieur Macklin, puis se rabattit soudain sur la droite et freina ; en conséquence de quoi, Monsieur Macklin, surpris par une telle manœuvre, se déporta sur la gauche. Monsieur Levegh sur la Mercedes N°20, arrivait derrière et entra en collision avec la voiture N°26, sur son côté gauche et fut projeté sur le muret de sécurité.

Considérons que la voiture N°20, soulevée par l'impact, fut projetée dans la foule et tua 14 personnes *(l'analyse comme nous l'avons vu est approximative)* puis en redescendant, percuta le mur du tunnel, l'impact provoquant l'arrachement de son train avant et de son moteur *(les différents rapports, prouvent que le moteur et le train avant ont été éjectés avant)* qui continuèrent leur trajectoire dans le secteur situé devant les tribunes, avant de retomber parmi la foule, en tuant ou blessant de nombreux spectateurs, alors que Monsieur Levegh, le pilote, était éjecté de son siège et tué.

Considérant que l'enquête n'a pas établi qu'il ait eu une faute de pilotage ou une quelconque infraction au code de la route et que, plus particulièrement, la manœuvre de Monsieur Macklin était imprévisible pour Monsieur Levegh, que Monsieur Hawthorn ne semble *(le mot « semble » a son importance)* pas avoir commis d'erreur en doublant Monsieur Macklin à droite et en freinant, il n'a pas été démontré ou prouvé que Monsieur Macklin avait été réellement gêné par la voiture de Monsieur Hawthorn, ni que Monsieur Macklin avait manqué de contrôle de lui et d'habileté.

Considérant, d'autre part, que les rapports des experts montrent que ni les structures ni les éléments de la voiture N°20 ne peuvent être estimés cause de l'accident.

Considérant que les experts ont assuré que l'organisation de la course, la sécurité des spectateurs et les mesures de protection étaient, lors de l'accident, en accord avec les règlements en vigueur, et que, par conséquent, aucune faute ne pouvait être imputée à l'organisateur.

Considérant dans ces conditions, qu'il n'y a pas de preuves suffisantes de ce que quiconque ait pu commettre un homicide ou des blessures involontaires par maladresse, imprudence, inattention, négligence ou non-observation des règles.

En accord avec l'article 28 de la procédure criminelle, proclamons qu'il n'y a pas lieu d'engager une action contre qui que ce soit. L'enregistrement de la procédure sera mis en dépôt au bureau du greffier de la cour. Le juge d'instruction Ralincourt.

Nous devons prendre acte d'une décision de justice et il n'est pas de bon ton de la commenter. Néanmoins, il ne vous a pas échappé, que j'ai inséré trois remarques dans le jugement. Vous remarquerez qu'à aucun moment, il n'est évoqué une possible explosion. La description des événements, est présentée uniquement sous la forme de la conséquence de différents chocs.

Concernant l'appréciation sur Hawthorn, ne « semble » pas avoir commis d'erreur. L'adjectif est pour le moins mal choisi. Il aurait été préférable de dire « l'enquête, n'a pu déterminer une faute caractérisée de Monsieur Hawthorn ».

Sans vouloir faire de procès d'intention, ce jugement sans coupable arrange bon nombre de personnes. D'abord Mike Hawthorn, qui va pouvoir continuer sa carrière de pilote, sans tache. Mercedes ensuite, imaginons un instant une condamnation de la marque allemande, avec les conséquence financières et publicitaires qui en découlent. Enfin, les gouvernements allemands et français, vont pouvoir continuer, leur « normalisation » et la future construction européenne, sans être parasitée, par une « affaire sans fin ».

Concernant le circuit, effectivement l'Automobile Club de l'Ouest, ne peut être tenue responsable, suivant les normes de l'époque, malgré l'étroitesse de la piste devant les tribunes. Néanmoins consciente du problème, ACO va prendre le problème à bras le corps, en programmant des travaux dépassant les 300 millions de Francs, pour l'édition des « 24 heures » 1956. Les stands vont être totalement détruits, pour être reculés de 15 mètres, et laisser place à de nouveaux bâtiments sur 2 étages, permettant d'accueillir du public avec des loges. Ainsi la largeur de la « zone de stationnement » passa à 6 mètres de large, et la piste proprement dite à 7 mètres. L'ancienne piste fut abaissée de 6 mètres au même endroit, afin d'améliorer la visibilité et la « courbe anodine » avant le poste de chronométrage, supprimée pour la même raison. Sur le côté où s'est déroulé l'accident, une « zone de sécurité » de 8 mètres, séparant de nouveaux gradins de la piste, sera aménagée.

Au rendu du jugement, les indemnisations purent commencer. L'assureur de l'ACO, débourse la somme considérable à l'époque, de 608 millions de francs, pour traiter 225 dossiers sur les 250 demandes. Mercedes, quelques jours après la catastrophe, fait parvenir un chèque d'un million de Francs, au cardinal Grente, au profit des victimes.

Le mardi 14 juin 1955, une cérémonie religieuse se déroule à la cathédrale du Mans, célébrée par Monseigneur Grente. Pour l'occasion, le pape Pie XII, envoie un message de condoléances aux familles, depuis le Vatican.

Les obsèques de Pierre Levegh ont lieu le jeudi 16 juin à midi en l'église Saint Honoré d'Eylau, à Paris. Mercedes a fait envoyer deux couronnes de fleurs, une au nom de Daimler-Benz, l'autre au nom de ses collègues pilotes. Ils sont venus nombreux de l'équipe Mercedes, Fangio, Fitch, Hermann, Simon, sans parler des mécaniciens mais aussi Macklin et Trintignant. Moss fit le commentaire suivant dans son journal : « Les funérailles de Levegh, c'était épouvantable. Un caméraman dans l'église, vraiment affreux. Nous avons déjeuné à Paris à 14 heures, avant de prendre le départ pour la Hollande, en vue du Grand Prix.

Pierre, est ensuite inhumé au cimetière du Père Lachaise, dans le caveau familial Velghe, Storm, Bouillin, division 93. Il repose ainsi auprès de son oncle Alfred.

50 ans plus tard, le 11 juin 2005, Jean Claude Boulard, Maire du Mans et Jean Claude Plassart, Président de l'ACO, dévoilent une plaque commémorative sur le lieu même de l'accident. Le texte est particulièrement sobre : « In memoriam 11 juin 1955 ».

Alfred Neubauer, entretient à la suite des obsèques de Pierre Levegh, une correspondance importante avec son épouse Denise Bouillin. Il est question notamment, du versement d'une assurance vie. Dans ces lettres, le team manager confirme l'admiration qu'il avait pour son mari, et sa non-responsabilité totale dans l'accident : « C'est un destin tout à fait implacable qui l'a choisi comme victime de la catastrophe. Tout ce qui est arrivé à côté est secondaire, et il n'est même plus important de savoir qui est le coupable, même s'il est clair dans mon esprit qu'il s'agit d'Hawthorn. Nous ne sommes pas des juges, mais des sportifs. Il faut laisser les événements suivre leurs cours et ils apporteront plus de clarté dans la situation. »

Plus qu'une lettre de réconfort pour Denise Bouillin, nous sentons dans la plume de Neubauer, une véritable amertume vis-à-vis de Mike Hawthorn.

Les suites de l'accident, vont avoir naturellement des répercutions sur le sport automobile. Toutes les compétitions en France, pour le reste de la saison 1955, sont suspendues, y compris le G.P de l'ACF du 3 juillet. À l'étranger, en formule 1 les G.P d'Allemagne, d'Espagne et de Suisse sont supprimés. La Suisse va beaucoup plus loin, en interdisant toutes les compétitions sur circuits. Cette interdiction, ne sera levée par le Conseil Fédéral Suisse que partiellement le 1er avril 2016, en autorisant les courses de Formule « E » (électrique).

Dans un premier temps, l'Italie a également prévu de suspendre toutes ses compétitions, avant de revenir en arrière. Le prince Carraciolo, président de l'Automobile Club d'Italie fit pression sur le gouvernement italien. Son argument, porte naturellement sur des intérêts économiques, mais aussi sportifs, arguant que quelques soit la gravité des faits, aucun ne peut être suffisant, pour détruire la course automobile.

Bon an mal an, la saison se poursuit. La formule 1 amputée de trois Grand Prix, sur les dix prévus, n'est pas trop perturbée, tant la domination de Mercedes est écrasante. Après le doublé en Hollande, c'est un triplé qui attend les flèches d'argent en Angleterre. À Aintree, Stirling Moss, remporte sa première victoire en championnat du Monde devant Fangio et Karl Kling 3e. La légende, dira plus tard que le « maestro », a laissé la victoire à son jeune équipier, devant son public. L'Argentin s'en défendra jusqu'à sa mort, sans pour cela réussir à convaincre Stirling.

Enfin Mercedes enfonce le clou, lors du dernier Grand Prix à Monza le 11 septembre. Pour l'occasion, Neubauer a confié une voiture à l'italien Pietro Taruffi. Celui-ci, compense l'abandon de Moss, sur rupture de moteur en terminant 2e derrière Fangio. C'est aussi l'occasion de voir une dernière fois en compétition les « streamliners », après leurs débuts à Reims, quatorze mois plus tôt.

Juan Manuel Fangio est pour la 3e fois champion du Monde, devant Stirling Moss. Pour le britannique, ce n'est que sa première place de dauphin, avant d'en décrocher trois autres consécutivement.

Pour Daimler-Benz, ce deuxième sacre consécutif n'est pas une fin en soi. Le titre constructeur en sport, représente des retombées au moins aussi importantes, qu'un titre pilote en formule 1. Avec l'annulation des 1000 km du Nurburgring, et son abandon au Mans, il ne reste que deux courses à la firme allemande, pour combler les 10 points de retard sur son principal rival, Ferrari.

Le redoutable Tourist Trophy, attend les concurrents sur les petites routes étroites de campagne de Dundrod, le 17 septembre en Irlande du Nord. Mercedes présente trois SLR, sans intrados, avec l'équipe de pilotes du Mans remaniée. Taffy Von Trips, remplace Pierre Levegh. Chez Jaguar, une seule type D fait face, le local Desmond Titterington, seconde Hawthorn. Outre les 3 Aston Martin DB3S, il faut compter sur 3 Ferrari et 2 Maserati 300S d'usine, sans parler des petites cylindrées.

La météo « irlandaise » va provoquer de nouveaux drames. Sur le circuit routier de 12 km, dès le 2ᵉ tour, un carambolage implique 7 voitures. William T. Smith se tue au volant de sa Connaught. L'accident, a lieu à la sortie d'un pont sur une bosse appelée, « le saut du Cerf ». Lance Maklin, pour éviter le corps de Jim Mayers, envoie son Austin directement dans le décor. Il arrive à s'extraire d'un brasier, dans lequel Richard Mainwaring périt coincé sous son Elva en flammes.

La bagarre entre les 3 SLR et la type D est de toute beauté. Moss fait un festival, mais Hawthorn, réussit à contenir Fangio pour la 2ᵉ place. Au changement de pilote surprise, ni Fitch qui fait équipe avec Moss, ni Kling avec Fangio, ne sont capables de tenir Titterington. Au nouveau changement de pilote, la pluie aidant, « super Stirling » reprend la direction de course. À deux tours de l'arrivée, le moteur de la Jaguar lâche, privant Hawthorn de la 2ᵉ place. Les Mercedes réalisent le triplé.

Cette performance, permet à Mercedes de revenir à 3 points de Ferrari au championnat. Le plus dur reste à faire, battre les italiens sur leur terre à la Targa Florio le 16 octobre. Neubauer qui ne veut rien laisser au hasard, s'attache les services de Titterington impressionnant au « Trophy », mais aussi de Peters Collins, laissé libre par Aston Martin, forfait en Sicile.

13 tours de 72km du circuit montagneux légendaire, sont à boucler. Les voitures partent toutes les 30". Jaguar absent, la victoire, ne devrait pas échapper aux cadors, sauf peut-être réplique de Maserati, en position d'outsider. Sur les 4 premiers tours, La Maserati de Musso est dans le coup, avant que la transmission ne le lâche. Le duo Moss-Collins, est devant la Ferrari de Castellotti-Manzon et la SLR de Fangio-Kling. Chose inhabituelle, Moss froisse son aile droite sur un pont, puis la gauche dans un champ. Du coup Castellotti est aux commandes. Mais en 4 tours Collins, réussit à reprendre la tête de course à Moss. Stirling peut assurer, Fangio, malgré une crevaison termine 2e devant Castellotti-Manzon. Eugénio, dans un dernier rush souffle la 3e place à Titterington-Fitch.

Mercedes, remporte le championnat des voitures de sport avec 24 points, devant Ferrari 22 et Jaguar 16. En rentrant à l'hôtel, Alfred Neubauer, prend connaissance d'un courrier « confidentiel et personnel » en provenance de Stuttgart. « Après examen approfondi de la situation, le conseil d'administration de Daimler-Benz a décidé d'abandonner la compétition sportive et ce pour plusieurs années ».

Neubauer, ne dira rien le soir même pour ne pas gâcher la fête. Les pilotes seront mis au courant, comme tout le monde par un communiqué officiel de l'usine le 22 octobre. L'histoire ne dit pas si ce retrait, est dû uniquement à la mort de Pierre Levegh…

Chapitre 18

DESTINEE

Ce mois d'octobre 1955, met un terme à la carrière sportive d'Alfred Neubauer. Comme un clin d'œil, ses débuts de pilote remontent 33 ans plus tôt, lors de la Targa Florio 1922, au volant d'une Sachsa 1100. Il entre chez Daimler-Benz en 1926, pour ne plus quitter la firme allemande jusqu'à sa retraite. Il est décédé le 22 août 1980 à Stuttgart à l'âge de 89 ans.

Pour un boxeur,il s'agit de ne I pas faire le combat de trop. Le 24 mars 1956 aux 12 heures de Sebring, Lance Macklin raccroche son casque, alors que son Austin Healey reste en panne de démarreur après 110 tours. Après les K.O du Mans et du Tourist Trophy, la raison finit par l'emporter sur la passion. Le londonien, « ne se rangeait pas pour autant des voitures », devenant importateur de la prestigieuse marque française Facel Véga. Il décède dans le Kent le 29 août 2002 à 82 ans.

Héritier d'Ascari, Eugénio Castellotti ne va pas survivre très longtemps à son ainé. Le 14 mars 1957, il teste sur la piste d'essais de Ferrari à Modène la 290S d'usine, en vue des 12 heures de Sebring. Perdant le contrôle de la voiture à la sortie d'une courbe, éjecté de son siège, Eugénio ne survit pas à son traumatisme crânien. Issue d'une famille richissime de Lombardie, il avait 26ans.

Juan Manuel Fangio, va conquérir son 5e titre de champion du Monde en 1957 sur une Maserati 250F. Il réalise cette année-là peut être ses deux plus beaux chefs-d'œuvre, en remportant le G.P de l'ACF à Rouen avec des pneus usés jusqu'à la corde et surtout le G.P d'Allemagne. L'argentin réussit à manœuvrer, dans un modèle de course tactique au Nurburgring, Collins et Hawthorn, avec une Maserati inférieure aux Ferrari. Il remporte ainsi son 24e et dernier G.P en championnat auxquels, il faut rajouter 11 victoires hors championnat. « Le Maestro », prend sa retraite au G.P de l'ACF 1958 à Reims, 10 ans après ses débuts en Europe, sur ce même circuit. Privé d'embrayage sur la fin, il insiste pour finir à la 4e place, quand soudain Hawthorn en tête, est sur le point de lui prendre un tour. Sagement, Mike se cale derrière l'argentin. Interrogé sur son attitude à l'arrivée, il répond simplement : « Personne n'a jamais pris un tour à Juan Manuel Fangio » ! Fangio quitte définitivement la piste, le 17 juillet 1995, à 84 ans des suites d'un arrêt cardiaque, compliqué d'une pneumonie.

L'Italie se retrouve totalement orpheline, au G.P de L'ACF à Reims en 1958. Le 6 juillet, Luigi Musso, à la poursuite de son coéquipier Hawthorn part en tonneaux, dans la courbe du « Calvaire » du circuit de Gueux. Le romain de 33 ans, décède pendant son transport à l'hôpital.

3 août 1958, sur le juge de paix du Nurburgring, la bataille fait rage. 7e épreuve du championnat du Monde de F1, nous sommes à un tournant décisif de la saison. Les Vanwall sont supérieures, avec un Moss des grands jours, mais sa magnéto le trahit rapidement. Son coéquipier Tony Brooks, « le dentiste volant » prend le relais, entraînant derrière lui les Ferrari de Collins et Hawthorn. Au 11e tour à la sortie de « Pflanzgarten », la Dino de Pete Collins est déséquilibrée et se retourne. Ejecté Peter, heurte un arbre avec sa tête. Evacué rapidement par hélicoptère, il décède quelques heures plus tard à l'hôpital de Bonn à 26

ans. Ses fantastiques qualités de pilote, ont été parfois sous estimées par un certain manque d'ambition.

Dans la course cette image est récurrente. Dans le dernier G.P de la saison à Monza en 1956, il sacrifie ses chances de devenir champion du Monde, en laissant volontairement le volant de sa voiture à Fangio son chef de file, qui va finalement remporter le titre.

Mike Hawthorn, réalise son rêve le 19 octobre 1958 au Maroc, en succédant à Fangio pour le titre de Champion du Monde de Formule 1. Il a bénéficié d'un facteur chance toute la saison. Lors de ce dernier Grand Prix, son coéquipier Phil Hill le laisse passer sur la fin pour aller chercher la 2e place synonyme de titre. 3 semaines auparavant, Stirling Moss, vainqueur de la course, plaide en sa faveur au G.P du Portugal, pour qu'il récupère la seconde place que les commissaires lui ont retirée, à la suite d'une manœuvre illicite. Les 4 victoires de Moss, contre une seule à Mike, n'ont pas suffi, il va lui manquer un point au final.

Hawthorn, après les décès de ses coéquipiers Musso et surtout de son ami Peter Collins, décide de prendre sa retraite sur ce titre. Le 22 janvier 1959, vers 11h30, Mike prend sa Jaguar MK2 3,4 litres, direction Londres. Il a prévu de retrouver Rob Walker *(de la famille des Whisky Johnny Walker)*, pour faire un bout de chemin ensemble. Le démon de la vitesse, est toujours présent chez lui et Rob conduit une Mercedes 300SL. Ça ne vous rappelle rien ? Un remake Jaguar Mercedes, où les routes du Surrey, remplacent celle de la Sarthe ! Sous la pluie, la Jaguar part en dérapage, sur la route très glissante et finit sa course sur le flanc dans le fossé, enroulée contre un arbre. Vertèbre cervicale brisée, Mike est tué sur le coup, il aurait eu 30 ans, le 10 avril de la même année.

Le plus improbable des couples Bueb-Hawthorn, l'a emporté au Mans en 1955. L'amateur, a su se former auprès du professionnel, au point de l'emporter une seconde fois, en compagnie de Ron Flockart, toujours sur Jaguar D en 1957, aux couleurs de l'écurie Ecosse cette fois. Entre temps, il triomphe à Reims pour les 12 heures en 1956, avec Duncan Hamilton pour équipier, sur une type D d'usine.

Yvor Bueb est loin d'être une super vedette, mais au fil du temps il a su se faire accepter bien volontiers, de ses équipiers par son sérieux. La chance l'abandonne, sur le technique circuit de Charade, le 26 juillet 1959. Dans la course de formule 2 au 3e tour, à bord de sa Cooper-Borgward, il percute de face le talus dans la courbe de Gravenoire. Yvor, décède des suites de ses blessures, le 1er août à l'hôpital de Clermont-Ferrand, à l'âge de 36 ans.

Pour les français, Jean Behra est le champion de toute une génération. Il débute sur 2 roues à 16 ans, avant d'être quintuple champion de France de 1948 à 1951. Sur 4 roues Gordini, lui donne sa chance en 1950 et il remporte le G.P de l'ACF à Reims en 1952. Puis il passe sur Maserati en 1955, avec des victoires à Pau et Caen. 1959, le voit piloter pour Ferrari pas très longtemps, il en vient aux mains avec le directeur sportif de la Scuderia Romolo Tavoni. En parallèle, il s'associe avec Valério Colloti pour transformer une Porsche de Formule 2, devenue Porsche-Behra.

Champion « en kit », Jean perd un bout de nez dans la « Panaméricaine » au Mexique, puis une oreille au fameux Tourist Trophy de 1955. Depuis il porte une prothèse en plastique, qu'il s'amuse à retirer de temps en temps pour épater la galerie. Au total, il cumule 17 blessures sur accident, depuis le début de sa carrière. Le 1er août, il est sur le circuit de l'Avus à Berlin, pour une course de Formule Sport. Cette piste de vitesse aménagée sur une ancienne autoroute, est rendue particulièrement dangereuse, par la pluie. Il finit par perdre le contrôle de sa Porsche qui s'écrase contre un pilonne et sectionne un mat. Curieusement, le niçois décède pratiquement en même temps qu'Yvor Bueb à 38 ans.

Dans les années 50/60, qui peut le mieux parler de compétitions automobiles que Paul Frère ? Il est à la fois un excellent pilote, journaliste, et écrivain. Commençant une carrière de journaliste en 1945, pratiquant l'aviron en parallèle, passionné d'automobile, avant d'en faire un métier à temps partiel avec une certaine réussite.

Plutôt spécialiste de l'endurance, il tâte à l'occasion de la formule 1 et termine 2e G.P de Belgique à Spa en 1956. Ses deux épreuves de références sont les 12 heures de Reims qu'il remporte sur Ferrari G.T en 1957 et 1958, avec son compatriote Olivier Gendebien, et les 24 heures du Mans avec deux 2e places sur Aston Martin en 1955 et 1959 avant une victoire sur Ferrari en 1960. Toujours en 1960, il remporte le premier G.P d'Afrique du Sud sur une Cooper Climax, devant Stirling Moss, également sur Cooper. Lorsqu'on lui fait remarquer que c'est exceptionnel de battre Moss à la régulière, il répond « Oui c'est vrai, c'est formidable...d'avoir pu bénéficier des problèmes de boîtes de Stirling ! » Il s'éteint paisiblement à Nice, le 23 février 2008 à l'âge de 91 ans.

Stirling Moss « le champion sans couronne ». Qui n'a pas dit un jour tu te prends pour Fangio ? *(Réservé aux personnes d'un certain âge).* Il s'en est fallu de peu que l'expression ne se transforme en « tu te prends pour Moss » ?   Je suis toujours étonné des classements *(parfaitement ridicules),* établit « par des experts » de la formule 1, sur la hiérarchie des pilotes depuis la création du championnat du Monde en 1950. J'attends toujours qu'ils m'expliquent, le rapport entre une Maserati 250F et une Mercedes W10 de nos jours. Pour résumé en commun, on trouve un châssis, un moteur, 4 roues, un pilote, le reste diffère totalement, y compris les circuits.

Pour en revenir « à l'homme qui ne prenait pas les virages comme les autres », il me revient une phrase d'Olivier Gendebien : « Dans la course automobile l'important n'est pas d'avoir de la chance, mais de ne pas avoir de malchance ! » Cette phrase résume assez bien la carrière de Stirling Moss : 34 victoires en formule 1, dont 16 en championnat, 12 victoires en championnat d'endurance, record absolu, dont 4 fois les 1000km du Nurburing et 3 fois le Tourist Trophy. Dans ce type de course, il a tout gagné sauf ... les 24 heures du Mans finissant 2e en 1953 et 1956. Pour la formule 1, c'est 4 places de dauphin de 1955 à 1958 et 3 places de 3e de 1959 à 1961, qui jalonne son parcours.

Cette « symphonie inachevée » se termine le 15 avril 1962, lors du Glover Trophy de F1 à Goodwood. Stirling est au volant d'une Lotus Climax de l'écurie BRP. La voiture, tire tout droit dans le virage de Sainte Mary et heurte le talus à pleine vitesse. Alors que l'accident fait penser à une rupture de suspension, Stirling est relevé avec de nombreuses fractures, qui vont nécessiter de longs mois de convalescence. Un an plus tard, il se remet au volant à Goodwood. Considérant qu'il ne retrouve plus ses sensations et ses réflexes d'avant, il met un terme à sa carrière.

Anobli par la reine Elisabeth II en 2000, sir Stirling Moss, s'est endormi dans la nuit du 12 avril 2020, pour ne plus se réveiller, il avait 90 ans.

Longévité et régularité, rime avec Trintignant. Maurice commence sa carrière à 21 ans en 1938 sur Bugatti, pour la terminer en 1965 à 47 ans sur Ford. Moins populaire que Behra, il n'en demeure pas moins que son palmarès reste plus fourni. Seul pilote français à gagner des G.P aux championnats du monde à Monaco en 1955 et 1958, il faudra remonter à 1971, pour lui trouver François Cevert comme successeur à Watkins Glenn. Spécialiste des circuits en ville, avec 3 victoires à Pau, son triomphe aux 24 heures du Mans 1954 en compagnie de Froilan Gonzales reste le sommet de sa carrière. « Petoulet », fut maire de Vergèze dans le Gard de 1958 à 1964, il s'est éteint à 87 ans le 13 février 2005, à l'hôpital de Nîmes.

Sans vouloir être méchant, *(si un peu, quand même !)* je pense que John Fitch fut plus à l'aise aux commandes d'un Mustang P51, que d'une Mercedes 300 SLR. Long comme un jour sans pain avec son mètre quatre-vingt-dix, il doit l'essentiel de sa carrière à son compatriote Briggs Cunningham. Comme Pierre Levegh, les circonstances l'ont amené, à courir pour Daimler-Benz. Il en a voulu à Neubauer, de ne pas l'avoir désigné pour prendre le départ au Mans en 1955, à la place de Pierre. Son attitude après l'accident, reste pour le moins une énigme. Son association avec Moss, lui donne une victoire de prestige au Tourist Trophy en 1955.

Pour le reste, il faut souligner une autre victoire aux 12 heures de Sebring 1953 à bord d'une Cunningham C4R, et 6 participations au Mans, dont la dernière en 1960, au volant d'une Chevrolet Corvette de l'écurie Cunningham. Il se consacre après sa retraite sportive, essentiellement à la sécurité routière et sur les pistes. Il décède des suites d'un cancer, le 31 octobre 2012 à Lime Rock, il avait 95 ans.

Appelé de dernière heure, dans l'écurie Daimler-Benz en 1955, André Simon aura pu prouver à cette occasion tout son talent. Le petit parisien, se montre pour la circonstance l'égal de Fangio et de Moss. André commence tardivement sa carrière à Montlhéry en 1948, il a déjà 28 ans, mais remporte d'entrée sa première course sur Talbot. Repéré par Gordini, le sorcier lui propose d'être « le 4e mousquetaires » auprès de

Behra, Trintignant et Manzon. Souvent au volant de machines peu performantes, André se débat dans une douzaine de G.P du championnat du Monde jusqu'à 1957. Sans jamais rentrer dans les points, il remporte néanmoins une victoire hors championnat, à Albi en 1955. Sa seule victoire en championnat pour voitures de sport, reste le Tour de France Auto 1962, au volant d'une Ferrari 250 GTO de grand tourisme. Symboliquement, il est le premier pilote à franchir la barre des 300km/h dans les Hunaudières, lors des 24 heures du Mans 1964 sur une Maserati. Il prend sa retraite sportive l'année suivante, et décède le 11 juillet 2012 à 92 ans.

« Hans le chanceux » un sobriquet mérité, pour « ce Belmondo de la course automobile ». Hans Hermann n'a cessé de multiplier les cascades au cours de sa carrière. Ainsi lors des Mille Miglia 1954, il profite de son spider Porsche 550 particulièrement bas, pour passer sans encombre sous une barrière de passage à niveau fermée. Lors du G.P d'Allemagne 1959, le lendemain de la mort de Jean Behra, sur le circuit de l'Avus il pilote une BRM. La voiture est soudain privée de frein, il saute en marche avant que la voiture ne fasse plusieurs tonneaux. Hans est relevé avec une épaule démise et quelques contusions.

Hermann participe à 17 courses de formule 1 entre 1953 et 1961, mais c'est surtout dans les courses en montagne et l'endurance qu'il se distingue. Son duel avec Jacky Ickx dans les 24 heures du Mans 1969 figure dans toutes les mémoires. Il échoue de quelques dizaines de mètres, mais prend sa revanche, l'année suivante avec Richard Attwood, étant ainsi le premier pilote, à vaincre au volant d'une Porsche au Mans. À noter également, qu'il est aussi le premier à faire le triplé, 12 heures de Sebring, 24 heures de Daytona et 24 heures du Mans. Hans Hermann est aujourd'hui âgé de 92 ans.

La compétition automobile a eu son maestro avec Fangio, les managers ont découvert un « maitre » en la personne de John Wyer. David Brown, lui confie la direction sportive de ses Aston Martin, dès la reprise des 24 heures du Mans en 1949. 10 ans plus tard « le manager à la triste figure » obtient la consécration en faisant le doublé avec Salvadori-Shelby devant Frère-Trintignant sur les DBR1.

Aston retiré de la compétition fin 1963, Wyer prend le relais avec Ford. En 1966, il crée la John Wyer Automobile Engineering et se rapproche l'année suivante du pétrolier Gulf. L'anglais a désormais les moyens de ses ambitions et lance la Mirage, un dérivé de la Ford GT40 aux couleurs ciel et orange de son pétrolier. Malgré la victoire au 1000km de Spa, du jeune belge Jacky Ickx, cette première saison est un demi-échec. En 1968, il revient à la Ford GT40, rafraichie par des voies élargies et une motorisation transformée, par de nouvelles culasses Gurney-Eagle. Le pari se veut gagnant, aux 24 du Mans 1968 et 1969. La Ford devenue obsolète, il se tourne pour les 2 années à venir vers Porsche avec sa nouvelle 917. Sans pouvoir remporter de nouveau le Mans, ses voitures cumulent les victoires, dans la plupart des courses du championnat du Monde d'endurance. Avec le nouveau règlement limitant à 3 litres la cylindrée, il faut faire du neuf. Wyer, ressort des cartons la Mirage, profondément remaniée, transformée en barquette et équipée d'un moteur Ford-Cosworth.

Là encore, John Wyer a le nez creux. Après une première victoire aux 1000 km de Spa en 1973, il remporte une 4e fois les 24 heures du Mans en 1975. Il se retire définitivement l'année suivante, après 27 ans de carrière, et décède à 79 ans le 8 avril 1989 dans l'Arizona.

Franck England, est né dans le Middlesex, le 24 août 1911. Il débute dans la vie active comme apprenti chez Daimler à 16 ans. Sa haute stature d'1m96, l'affuble du surnom de « Lofty », qu'il va garder toute sa vie. Volontiers batailleur, il n'hésite pas pendant la guerre, à s'engager comme pilote sur bombardier Avro Lancaster. A la libération il fait un court séjour chez ALVIS, avant de se fixer définitivement chez Jaguar en 1946. William Lyons, lui confie la direction sportive de l'écurie dès 1949. Dur, intransigeant, il obtient rapidement des résultats avec des victoires au Mans sur les Jaguar types C et D.

Après « l'épisode » des 24 heures 1955, Lofty se distingue encore au 12 heures de Reims 1956, où il vire séance tenant Duncan Hamilton, pilier de la marque, pour ne pas avoir respecté les signaux de son stand. Fin 1956, Jaguar se retire officiellement pour ne laisser l'exploitation de ses types D qu'à des écuries privées. England, rejoint alors la direction des usines de Coventry, pour faire partie du Conseil d'administration en

1960, à la fusion Daimler-Jaguar. En 1967, il succède à William Lyons au poste de Directeur Général de chez Jaguar, jusqu'à sa retraite en 1974. Retiré en Autriche à cette date il y décède le 30 mai 1995 à 83 ans.

Chaque marque, peut s'identifier à son team manager. Neubaeuer chez Mercedes, Wyer chez Aston Martin, England chez Jaguar, chez Ferrari, il est en est tout autrement. Le « Commendatore » Enzo Ferrari, à comment dire...l'art de diviser pour mieux régner. En conséquence, il multiplie souvent les structures avec un directeur technique, un directeur sportif, un ingénieur de compétition, le tout avec des rôles plus ou moins élargis en fonction des besoins, ou de son humeur du moment.

Bien entendu, la concurrence « entre les chefs » tourne souvent à l'affrontement, sans oublier les pilotes avec parfois des conséquences lourdes. Les morts de Castellotti, Musso et Collins pourraient susciter un ouvrage à elles seules l. Ferrari ne s'adresse que rarement à ses pilotes, il préfère faire passer les messages par « ses directeurs ». Il fait toutefois une exception pour Fangio qu'il n'apprécie guère. Leur collaboration se résumera à l'année 1956.

Enzo les use les uns après les autres. En commençant par le génial Giacchino Colombo en 1950, puis vient de chez Lancia Vittorio Jano. Romolo Tavoni arrive en 1957, dont l'histoire retiendra son pugilat avec Jean Behra. Limogé en 1961, il est remplacé par le duo Carlo Chiti, Girolamo Gardini, qui ne résiste pas à la révolution de palais de 1961. Eugénio Dragoni arrive épaulé par le remarquable ingénieur Mauro Foghieri. Dragoni, est à peu près aussi diplomate que Tavoni et ne supporte pas, tout ce qui n'est pas italien. Il tente tout, dans un premier temps, pour virer le champion du Monde en titre l'américain Phil Hill. C'est chose faite fin 1962. Avec l'arrivée de John Surtees, c'est un peu plus long. « Big John » finit par claquer la porte en pleine saison 1966. Enzo « le parrain » apprécie modérément. Tavoni est remercié à la fin de la saison, ainsi va la vie de la « Scuderia ».

Loin de toutes ses considérations, Denise Maurey, rejoint son mari Pierre Bouillin, pour l'éternité le 22 juillet 1962, à 53ans. La Brosserie Maurey-Deschamps de Trie Château, est devenue en 1998, une paisible maison de retraite.

FIN

PALMARES de PIERRE LEVEGH

02.05.1937: Coupe de Printemps à Montlhéry, Bugatti T57   5^e

06.06.1937: 3 heures de Marseille, Bugatti T57   8^e

19.09.1937 : Coupe d'Automne à Montlhéry, Bugatti T57 moteur cassé

19.06.1938 : 24 heures du Mans, Talbot T150C   Abandon 159e tour

10.07.1938 : 24 heures de Spa, Talbot T150C   Abandon accident

31.05.1939 : G.P d'Anvers, Talbot TA150C   4^e

04.06.1939 : G.P du Luxembourg, Talbot T150C, **pole position** 3^e

18.06.1939 : 24 heures du Mans, Talbot T150C   Abandon 102e tour

06.08.1939 : G.P du Comminges à St Gaudens, T150C   5^e

26.08.1939 : G.P de Liège T150C, participe aux essais, course annulée.

09.09.1945 : Coupe des Prisonniers, bois de Boulogne, T150C   Abd

22.04.1946 : G.P de Nice, Talbot T150C   Abandon 41e tour

30.05.1946 : Coupe de la Resistance, bois de Boulogne, T150C 5^e

16.06.1946 : G.P de Bruxelles, Talbot T150C   2^e

07.07.1946 : G.P de Bourgogne à Dijon, Talbot T26C Abandon 31e tour

28.07.1946 : Prix des 24 heures du Mans à Nantes, T26C   2^e

25.08.1946 : Circuit des 3 villes à Lille, Talbot T26C   2^e

06.10.1946 : G.P du Salon F1, bois de Boulogne, T150C   3^e

07.04.1947 : G.P de Pau F1, Delage 3000 L6 2^e

27.04.1947 : G.P du Roussillon F1 à Perpignan, Delage L6 4^e

18.05.1947 : G.P de Marseille F1, Delage 3000 L6 4^e

01.06.1947 : G.P de Nîmes F1, Delhaye 155 Abandon

29.06.1947 : G.P de Belgique F1 à Spa, Delage L6 Abandon 18e tour

13.07.1947 : G.P de l'Albigeois F1 à Albi, Maserati 4CL Abandon 33e t.

20.07.1947 : G.P de Nice F1, Maserati 4CL Abandon 46e tour

03.08.1947 : G.P d'Alsace F1 à Strasbourg, Maserati 4CL 7^e

10.08.1947 : G.P du Comminges F1, Maserati 4CL, Accident 17e tour

07.09.1947 : G.P d'Italie F1 à Milan, Maserati 4CL, Abandon 6e tour

21.09.1947 : G.P de l'ACF à Lyon-Parilly, Maserati 4CL Accident 24e t.

29.08.1948 : G.P de l'Albigeois F1 à Albi, Talbot T26C 9^e

12.09.1948 : 12 heures de Paris à Montlhéry, Delage D6 4^e

10.10.1948 : G.P du Salon F1 à Monthléry, Talbot T26C 2^e

17.10.1948 : G.P de Monza F1, Talbot T26C Abandon 35e tour

24.10.1948 : Circuit de Garde F1 à Salo, Talbot T26C 7^e

18.04.1949 : G.P de Pau F1, Talbot T26C Abandon

24.04.1949 : G.P de Paris F1 à Montlhéry, Talbot T26C 5^e

07.05.1949 : G.P du Roussillon F1 à Perpignan, Talbot T26C 7^e

22.05.1949 : G.P de Marseille F1, Talbot T26C Abandon 30e tour

19.06.1949 : G.P de Belgique F1 à Spa, Talbot T26C Abandon 11e tour

10.07.1949 : 24 heures de Spa, Delage D6 3000 Abandon

17.07.1949 : G.P de France F1 à Reims, Talbot T26C Abandon 39e tour

20.08.1949 : International Trophy F1 à Silverstone, T26C 13^e

11.09.1949 : G.P d'Italie F1 à Monza, Talbot T26C Abandon 34e tour

25.09.1949 : G.P de Tchécoslovaquie F1 à Brno, T26C 4^e

09.10.1949 : G.P du Salon F1 à Montlhéry, Talbot T26C Abandon 1er t.

10.04.1950 : G.P de Pau F1, Talbot T26C 6^e

30.04.1950 : G.P de Paris F1 à Montlhéry, Talbot T26C Abandon 28e t.

18.06.1950 : G.P de Belgique F1 à Spa, Talbot T26C 7^e

02.07.1950 : G.P de l'ACF F1 à Reims, Talbot T26C Abandon 37e t.

09.07.1950 : G.P de Bari F1, Talbot T26C 4^e

16.07.1950 : G.P d'Albi F1, Talbot T26C 4^e

15.08.1950 : G.P de Pescara F1, Talbot T26C 5^e

26.08.1950 : International Trophy F1 à Silverstone, T26C 11^e

03.09.1950 : G.P d'Italie F1 à Monza, Talbot T26C Abandon 49e t.

28.01.1951 : Rallye de Monte Carlo, Talbot Record 12^e

20.05.1951 : G.P de Paris F1 à Montlhéry, Talbot T26C 6^e

17.06.1951 : G.P des Pays Bas F1 à Zandvoort, T26C Abandon 37e t.

23.06.1951 : 24 heures du Mans, Talbot 4^e

17.06.1951 : G.P de Belgique F1 à Spa, Talbot T26C 8^e

29.07.1951 : G.P d'Allemagne F1 au Nurburgring, T26C 9^e

15.08.1951 : G.P de Pescara F1, Talbot T26C Abandon 6e t.

02.09.1951 : G.P de Bari F1, Talbot T26C 7^e

26.05.1952 : 12 heures de Casablanca, Talbot T26 GS Abandon

02.06.1952 : G.P de Monaco, Talbot T26GS **pole position** Abandon 5e t.

15.06.1952 : 24 heures du Mans, Talbot T26 GS   Abandon 23e h.

29.06.1952 : Targa Florio, Talbot T26 GS   Abandon 1er t.

02.08.1952 : Daily Mail Trophy F1/F2 à Boreham, T26C Abandon 41e t.

16.08.1952 : 9 heures de Goodwood, Talbot T26 GS   Abandon 81e t.

21.09.1952 : G.P d'Automne à Montlhéry, Talbot T26 GS   **Vainqueur**

28.09.1952 : G.P de Bari, Talbot T26 GS   Abandon

14.06.1953 : 24 heures du Mans, Talbot T26 GS   8^e

28.06.1953 : G.P de Rouen F1/F2, Talbot T26C   5^e

04.07.1953 : 12 heures de Reims, Talbot T26 GS   Abandon

25.07.1953 : G.P de Caen, Talbot T26 GS   Abandon 22e t.

20.09.1953 : G.P d'Automne à Montlhéry, T26 GS   **Vainqueur**

04.10.1953 : G.P du Salon à Montlhéry, T26 GS   Abandon

20.12.1953 : 12 heures de Casablanca, T 26 GS   3^e

13.06.1954 : 24 heures du Mans, Talbot T26 GS   Abandon 33e t.

04.07.1954 : 12 heures de Reims, Talbot T26 GS   Abandon

15.08.1954 : G.P de Zandvoort, Talbot T26 GS   Abandon

22.08.1954 : Circuit de La Baule, Talbot T26 GS   11^e

19.09.1954 : G.P d'Automne à Montlhéry, T26 GS   **Vainqueur**

10.10.1954 : G.P du Salon à Montlhéry, T26 GS   5^e

24.01.1955 : Rallye de Monte Carlo, Ford Comète

17.04.1955 : Coupe à Montlhéry à Montlhéry, T26 GS   6^e

29.05.1955 : G.P d'Albi F1, Ferrari 625   5^e

11.06.1955 : 24 heures du Mans, Mercedes 300SLR   accident fatal

BIBLIOGRAPHIE

- ✓ Les Grands Prix de Formule 1 hors championnat du Monde par Christian Naviaux (*Editions du Palmier mars 2002*).

- ✓ Grand Prix volume 1 1950 to 1965 par Mike Lang (*Editor Rod Gringer, Published Haynes 1981*).

- ✓ 1950 les courses par Jean Paul Delsaux *(Editor Bruno Alfieri Automobilia)*.

- ✓ 1000 pilotes Français par Dominique Vincent (*l'Autodrome Editions 1er trimestre 2014*).

- ✓ Le Mans les 24 heures 1949-1955 par Fabien Sabatès *(Collections Auto-Archives N°21 juin 1986)*.

- ✓ Les 24 heures du Mans 1923-1982 par A.C.O Le Mans 1982.

- ✓ Les 24 heures du Mans les années légendaires (50-80) par Joël Beroul *(Editions Ouest France 2018)*.

- ✓ Le Mans The official History 1949-59 par Quentin Spurring *(Haynes Publishing octobre 2011)*.

- ✓ Endurance 50ans d'histoire 1953-1963 par Christian Moity *(Editions E.T.A.I, 1er semestre 2004)*.

- ✓ Mon Ami Mate par Chris Nixon *(Editions Rétro Viseur septembre 1992).*

- ✓ Le Mans 11 juin 1955, la tragédie par Christopher Hilton (Editions SOLAR avril 2005).

- ✓ 11 juin 1955 par Michel Bonté *(B.A éditions 1er semestre 2004).*

- ✓ Reims, Vitesse, Champagne et Passion par Dominique Dameron-Derauw, Cyrille et Jean Pierre Mélin *(L'Atelier Graphique à Reims décembre 1998).*

- ✓ Le Grand Prix de Pau (1899-1960) par Pierre Darmendrail *(la librairie du collectionneur janvier 1992).*

- ✓ Rouen les Essarts par Roger Biot *(Editions du P'tit Normand novembre 2001).*

- ✓ Talbot des Talbot-Darracq aux Talbot-Lago par Alain Spitz *(Prestige de l'Automobile, éditions E.T A.I mars 1983).*

- ✓ Aston Martin en compétition par Jacques Louis Bertin et Arnald P. Millereau *(éditions E.T.A.I septembre 2009).*

- ✓ Les Anglaises au Mans par Dominique Pascal *(Editions Dominique Pascal 1989).*

- ✓ Ferrari au Mans par Dominique Pascal *(Editions Presse Audivisuel 1984).*

- ✓ 100ans de Sport Automobile Belge par Jean Paul Delsaux *(Editeur Jean Paul Delsaux 1996).*

REMERCIEMENTS

- ✓ Madame D. Quemper-N'Guyen, Secrétaire Générale de la Fédération Française de la Brosserie.

- ✓ Madame Muriel Rousseau. (Historienne de la Brosserie dans l'Oise).

- ✓ Fiona Guadagnini (maquette de couverture).

- ✓ Françoise Robin Guadagnini (rédactionnel).

- ✓ Les Archives Départementales de l'Oise.

Que connaissez-vous de « Pierre Levegh » ? Sans doute qu'il « tient le rôle principal » dans l'accident qui couta la vie à plus de 80 personnes, dont la sienne, au 24 heures du Mans 1955. Vous vous intéressez à la compétition automobile, vous avez entendu parler du mélodrame vécu pendant les 24 heures du Mans 1952, sans en saisir profondément les tenants et les aboutissants. Pionnier de la formule 1, il dispute près de 90 courses, ses fréquentations dans les années quarante, se nomment Wimille, Sommer, Ascari, Farina, ou Fangio.

Pierre Levegh, ce pilote dont on a tous entendu parler, sans vraiment le connaitre. Levegh s'appelle en réalité Pierre Bouillin dans le civil, son activité professionnelle passe, par le négoce de voiture, la bijouterie, et la brosserie fine « Maurey-Deschamps ».

De quoi occuper toute une vie, où le sport passion, n'est jamais très loin. Pilote par défit, mais surtout par héritage, entré de plain-pied dans une histoire qui aurait pu… qui aurait dû s'écrire autrement.

C'est à vous, lecteur, de juger…